# 何を言っても聞かない思春期の我が子が「ちょっと頑張ってみようかな」と言い出すシンプルな3つの秘訣

教育講演家・教育アドバイザー
木村玄司

# はじめに

この本は「何に対してもやる気を見せようとしない思春期まっただ中にいるお子さんが、『ちょっと頑張ってみようかな』と言い出すようになる方法」を書いた本です。

それと同時に「イライラや不安でいっぱいのあなたがちょっとだけ楽になれる」本です。

毎日声をかけているし、
参考書も買ってあげたし、
高い授業料を払って塾へも行かせている。

一方で、あなたの努力とは裏腹に、一切やる気を見せることもなくスマホやテレビを見てばかりの我が子。

「宿題やったの？」

「テスト、大丈夫？」

心配して声をかけているのに、返ってくる言葉は「ウザイ！」の一言。

「あなたのために言ってるんでしょう！」

イライラが爆発し、そのままケンカに。

そして、翌日からは完全に無視。

「もう一体どうしたら良いの？」

「一番になれなんて言ってない。今よりもう少し頑張って欲しいだけなのに……」

疲れますよね。
イライラしますよね。
このままどうなってしまうのだろう……と不安でいっぱいになりますよね。

私はそんなあなたに向けてこの本を書きました。

この本の内容は、私がどうしても伝えたかった内容です。
なぜなら、**ほんの少しの捉え方の違いで多くの方が〝必要以上に苦しんでいる〟**ことを知っているからです。

私自身もそうでした。

はじめに自己紹介も兼ねて私の話をさせてください。
私は一一年間公立中学校に勤務後、現在は教育アドバイザー及び教育講演家として全国各地で講演をさせていただいております。

中学生、高校生、大学生たちには、**「人は変われる」**をキーワードに夢・感動・希望を与える講演をしています。

そして、PTAなどの保護者の皆様、学校の先生やスポーツクラブの先生、企業など様々な場で教育を切り口に、「やる気の引き出し方」や「自己肯定感の高め方」などについてお話しさせていただいております。

ありがたいことに、「感動した！」「自分にもできると思えた！」と多くの方に喜んでいただき、今では北海道から九州まで全国各地でお話しさせていただいております。最近では海外からもご依頼をいただくようになりました。

嬉しいのは「子どもが自分から頑張るようになりました！」「親子関係がすごく良くなって、親子ともに楽しく過ごしています！」といった、実際に毎日が変わったという声が届くことです。

少しでも関わらせていただいた方が、より良い毎日を送られるようになっていくことは、私にとって本当に嬉しいことです。

大勢の前で話すことは大好きですし、こうして多くの方とつながっていきながら何か少しでもお役に立てることは、私にとって生き甲斐みたいなものです。

こう書くと、なんだか順風満帆なんだなと思われるかもしれません。

**しかし、以前の私は劣等感の塊でした。**

今のように多くの方々に対し、自信をもって自分の経験や考えをお伝えするなんて、とてもじゃないけどできない人間でした。

中学生時代や高校生時代の私は、部活動で良い結果を残そうと一生懸命練習をしていました。学校での全体練習のみならず、自分なりに考えて自主練習も欠かしませんでした。

その結果、中学生時代の水泳でも、高校生時代の陸上競技でも、入部当初から比べれば随分と記録が伸びていき、何とか県大会へ出場することができました。
友人の中には「すごいね！」と言ってくれた人もいました。

では、私は県大会へ出場することができて嬉しかったのか？
いいえ、全くといって良いほど喜べなかったのです。

なぜなら、私以外の家族全員が私よりはるかに活躍しており、いつも両親や妹や弟と比べてきたからです。

父親も母親もインターハイや全日本マスターズ選手権（年代別の全国大会）などに出場し、妹や弟もインターハイや国民体育大会などに出場し、さらにさらに祖父、祖母も国民体育大会に出場しており、言ってみれば全国大会へ行くのが当たり前の環境の中で育ちました。

母親にいたっては陸上競技の全日本マスターズ選手権という年代別の大会で毎年のように全国優勝し、日本新記録を作ることも何度かありました。私が幼少期の頃には、当時人気テレビ番組の一つとして放映されていた『ビートたけしのスポーツ大将』という番組に出演したこともあります。

母親のテレビ出演もありましたし、良くも悪くも地元ではそこそこ有名な一家でした。

保育園の先生や小学校の先生にも、「木村さんのところの息子さんね」とよく言われたものです。

そんな一家にいながら、思ったように活躍できない自分がとても悔しく思えましたし、時にはとても情けない存在と感じながら育ちました。

保育園時代に保育士さんから言われたひと言は今でも覚えています。

運動会に向けて徒競走の練習がありました。

徒競走ですから、何人かでいっしょに走って順位を競います。

テレビの影響もあって、私の両親が足が速いことは保育士さんたちも知っています。二つ下の妹は、保育園の徒競走の練習でもピューンとダントツで一番になってしまいます。

一方で、それほど目立って足が速いわけではなかった私は、他の園児にも負けてしまいます。

ある時、徒競走の練習で走り終えた私に向かって、一人の保育士が目を丸くしながらこう言いました。

**「本当に木村さんところの息子なの？」**

と。

まだすべてを素直に真に受けてしまう幼い私には、その言葉がグサッと心に突き刺さりました。

「あぁ、自分はダメなヤツなのかもしれない」

そう思い始めたきっかけでした。

レゴブロックやダイヤブロックといったおもちゃのブロックが大好きだった私は、友達といっしょに走ることよりも、一人静かにブロックでお城や車などを作ることの方が好きでした。

しかし、周囲が期待することはスポーツでの活躍でした。

そして、まるで周囲や家族の価値観を自らの頭の中に刷り込んでいくように、いつしか自分自身も「スポーツで活躍すること」が大きな価値基準になっていました。常にスポーツでの活躍具合を気にし、妹や弟、周りと比較しながら過ごしていくようになっていきました。

先に述べたように、自主練習をしたり自分なりに頑張ってはいましたが、中学生時代の水泳でも高校生時代の陸上競技でも、なんとか県大会へ出場するのがやっとでした。

今思えば、箸にも棒にもかからないような状態から、頑張って記録を伸ばして県大会へ出場するところまでいけたのですから、もっと自分を褒めてあげても良かったのかもしれません。

しかし、自分以外の全員が全国大会へ出場している家族の中で、私は自分自身に「よく頑張った」とは言えませんでした。

保育園児の頃から「木村さんのところの息子」と言われ、小学校や中学校、高校でも常に親や二つ下の妹と比べられてきました。そんなプレッシャーがかかりながらも、両親や妹や弟と比べて納得がいくような成果を出せない自分に、いつも劣等感を感じていました。


**「なんでこんな家に生まれてしまったんだ……」**

**「オレなんて、どうせダメなヤツだよ……」**


心の中はいつも劣等感でいっぱいでした。

もしかしたら読者の中には、「県大会へ行っただけでも十分すごいじゃないか」

そう思われた方もいるかもしれません。

しかし、周りからは常に家族と比べられ、自分自身も常に家族や周りと比較しながら過ごしてきた自分にとっては、自分自身に「よく頑張った」と言うことはできず、劣等感しか感じなかったのです。

それは、毎日食べるものもあり、世界の国々から羨ましがられるほど恵まれているはずの日本において、多くの若者が自己肯定感が低く、自信がもてないと悩んでいることと同じようなものかもしれません。

そんな私も、高校二年生の冬、部活動で後輩にいろいろと教えることが好きだったのと、当時流行していた『GTO』という学園系ドラマに影響され、学校の先生になりたいと思うようになりました。

そして、教育系大学に進学し、なんとか教員採用試験に合格。

スポーツ一家に生まれながら唯一活躍できずに劣等感を抱き続けてきた私は、「スポーツではあまり活躍できなかったけど、教師になったら活躍して誰からも認められるような人間になるぞ！」

「生徒たちから信頼されるカッコイイ先生になるぞ！」

そんな思いを抱き、ワクワクしながら教壇に立ちました。

しかし、現実は期待していたものとはかけ離れていました。

体育の授業で一生懸命説明しているのに、全く聞く気のない生徒。

部活動の顧問として「やるぞ！」と声をかけても返ってくる言葉は「ウザイ」。

こちらも腹が立って怒ると、ケンカのようになって一切口を聞いてくれなくなるということもありました。

信頼されるどころか、どんどん心の溝は開いていくばかり。

子どもたちのやる気が失われていくのもわかりました。

学校が荒れているからではありません。

その証拠に、他の先生が声をかけると、すんなり動いたりもしました。

悔しさも、怒りも、不安も、毎日のように感じ、ため息ばかりついていました。

「（教師を）辞めたい」という言葉を何度も口にしてきました。

しかし、スポーツでは活躍できず、教師しかないと思って過ごしてきた私は、教師以外にやれることが見つかりませんでした。


そこで、何とかこの状況を変えられないかと思い、今までほとんど読んだことのないような本を読み出しました。

教育に関する本、心理学や脳科学の本、自己啓発の本、話し方の本など様々な本を読みました。

全国各地で開催される講座にも行きましたし、有名な先生に教えてもらいに行ったりもしました。

そうして様々な学びを受けながら、実際の教育現場で試行錯誤していきました。

そんなある時、ふと気がつきました。

**「私は思春期の子に対して大きな〝勘違い〟をしていたのではないか？」**と。

自分では「こうだ」と思っていたことが実はただの思い込みだったり、自分では良かれと思ってしていたことが実は逆効果だったり、間違った努力をしていたのではと思えるほど大きな〝勘違い〟をしていたことに気がついたのです。

その〝勘違い〟に気づき、考え方や接し方を変えていくことで、それまでのことが嘘のように変わっていきました。

それまで勉強なんてほとんどしなかった生徒が、自分から目標を持って取り組むようになったり、部活動の練習をほとんどしなかった生徒が、仲間と涙を流しながら応援し合えるようになったり、学校へ来られなかった生徒が、毎日登校するようになったり……。

親御さんも私も、その小さいようで大きな変化を心の底から喜びました！　いっしょに涙を流したことも幾度となくあります。

もちろん、すべてがうまくいくようになったかというとそうではありません。その後も、思ったようにうまくいかないことも悩むこともたくさんありました。

しかし、以前より確実に多くの生徒たちが前向きに頑張れるようになっていったのです。

私は、そのような生徒たちの変化を目の当たりにすることで、「人は変われるんだ」ということを教えてもらいました。

それと同時に、人は何かちょっとした違いで良くもなるし、悪くもなるということを実感しました。

一方で、だからこそ、少しの捉え方の違いによって必要以上に苦しんでいる方を見ると、とても心が痛みます。

子どものためにと様々な努力をしているのに、あらゆることが裏目に出て、まるで泥沼にはまっていくように悪い方へ向かっていってしまっている親子を見ると、本当に辛くなります。自分自身が苦しんできたからこそ、何とか力になれないかと考えるようになりました。

そして、私は「より多くの子どもたちを輝かせるためにも、より多くの子どもに関わる大人の力になりたい」という強い思いのもと、思い切って教師を退職し、各地で講演などをすることにしたのです。

家庭がある中でこの転換は大きな決断でしたが、私の中では「悔いなく生きたい」という思いがありました。

実は、当時担任としても部活動顧問としても関わっていた生徒を交通事故で失いました。一瞬で変わってしまう人生を目の当たりにし、「人生はいつどうなるのかわからないんだ!」と強く感じました。

私は、それまで関わってくれた生徒たちや親御さん、先生方など様々な方のおかげで、感謝と幸せな気持ちでいっぱいの毎日を過ごせるようになっていました。しかし「今度は自分が多くの人の役に立ちたい！」と強く思い、身内も含めほとんどの方が反対する中でしたが、思い切って飛び出したのです。

独立当初は非常に苦しみましたが、ありがたいことに私の経験や知識が多くの方に喜んでいただけるようになり、今ではリピートや紹介なども多くなり、北海道から九州まで全国各地でお話しさせていただいております。最近では、ベルギー、オーストラリア、ドイツ、ペルーなど海外在住の皆様にも講演をさせていただき、喜んでいただけました。

独立後はもっと力をつけるために、その道の一流と呼ばれる講師たちから直接学んできました。国内のみでなく、アメリカ、オーストラリア、タイ、中国、様々な地へ行き、コーチング技術や脳科学、心理学、教育、スピーチスキルなどを学んできました。

教師時代にはわからなかったことや、教育界から離れたからこそ見えてきたことも多々あります。

何より、〝うまくいかずに苦しんできた経験があること〟こそが、多くの方へ勇気や希望を与えられると思っています。

そんな中、講演を聞いてくださった多くの方から「本はないんですか？」「本を書いてくれませんか？」と多くのご要望をいただくようになり、今回、本を書かせていただきました。

正直言って、話すのは大好きですが、書くのは苦手です。

しかし、まだ出会えていない多くの親御さんの力にもなれるかもしれないと考え、こうして筆をとることにしたのです。

親御さんの中には「子育ては一〇歳までに決まっちゃうんでしょ？　もう手遅れかもしれない」なんて思っている方もいるかもしれません。

確かに、幼少期はとても重要です。あらゆることの基礎を作る時期でもありますし、科学的な観点からこの時期だからこそ大きく伸びる能力もあります。

しかし、断言します。

**一〇歳を過ぎてからでも子どもは大きく変わります。**

なぜそう言えるかというと、私自身、教師として多くの生徒の変化を実際にこの目で見てきたからです。

一年でテストの順位が一〇〇番以上上がったり、陸上競技で市内でも予選落ちだった無名の生徒が、県内の有名選手に勝って優勝してしまったり、いじめや教師への反抗などで問題児と言われていた生徒が、学級委員となって先頭を切って行事などで学級を引っ張るリーダーになったり、こちらが驚くような変化を遂げる生徒を実際に見てきました。

それも一人、二人ではなく、数えきれないほどたくさんの生徒たちです。

だから、断言できます。

一〇歳を過ぎてからでも変われます。

すべての子がトップになれるかはわからなくても、**すべての子が〝頑張ろうとする子〟にはなれます。**

私はそう信じています。

あなたにやっていただきたいことは大きく二つです。

**思春期って、こんな時期なんだと少しだけ理解すること。**

**そして、お子さんに〝認められている〟と感じさせてあげること。**

それができれば、きっとあなたのお子さんは「ちょっと頑張ってみようかな」と言い出すでしょう。

さらに、あなた自身もずいぶんと気持ちが楽になれるはずです。

もしかしたら「お子さんに〝認められている〟と感じさせてあげること」と書くと、「子どもに迎合するようで嫌だ」と思われる方もいるかもしれません。

しかし、〝認められている〟と感じさせてあげることは決して迎合することではありません。

お子さんのことをより深く理解し、一人の人間として大切にするということです。

本書を読めば、迎合することと何が違うのか感じていただけると思います。

**思春期の子は育てようとするから育たない。**

**一人の人間として認めてあげれば、自分から挑戦し、結果的に大きく育つ。**

私は、そう思います。

本書では、全国各地で講演する中で「やってみたら本当に変わった！」「なるほど！　そういうことか！」と、お母さん、お父さん、さらには学校の先生や教育委員会の方々まで多くの方々に喜んでいただいている内容ばかりをまとめました。

難しいテクニックや知識なんて知らなくても、

誰でもできるようなほんの少しの心がけだけで十分です。

ぜひ、気楽に楽しみながら読んでみてください。

そして、楽しみながら読んだら、ぜひ、実際に活用してみてください。

きっとあなたのお子さんの口から「ちょっと頑張ってみようかな」という一言が飛び出す時がきますから。

その時の感動を一人でも多くの方に味わっていただけたら、こんなに嬉しいことはありません。

教育講演家・教育アドバイザー　木村玄司

# 本書の読み方

中には、手っ取り早くさっさと具体的なテクニックを知りたいと思う方もいらっしゃるでしょう。しかし、小手先のテクニックだけではうまくいきません（第一章で私の失敗談も含めてうまくいかない理由を述べていますので、ぜひ、読んでみてください）。

**本書では、第一章から順番に読むことによって、あなたがこれからやることが何倍にも効果が上がるように構成しています。**

ぜひ、第一章から順番に読んでいただきたいと思います。

**第1章**　なぜ、あなたの思春期の子育てがうまくいかないのかを紐解きます。どんな医者も診断をせずにいきなり薬は出しませんよね。まずは、原因を探ってみましょう。

**第2章**　思春期とはどういう時期なのかを簡単に理解できます。この章を読むと、普段イライラしたり不安でいっぱいなあなたも、とても心が楽になるでしょう。あなたの〝心の状態〟がお子さんに大きく影響します。ですので、本書ではテクニックをお伝えする前に、あなたの心を軽くするような話を先にさせていただきます。

**第3章**　本書の根幹となる部分です。そして、私が〝勘違い〟してきたところです。この根幹となる考え方を知らないと、あなたの努力が逆効果になることさえあります。ここでの気づきは、あなたとあなたのお子さんを大きく変えるかもしれません。

**第4章**　どうすればやる気になるのか、大きく三つの秘訣をお伝えします。まずは、その三つの秘訣が、なぜ、有効なのかを理解してください。その上で第五章から七章の具体的な方法を知ると、なぜその方法が有効なのか、より深く理解できます。

**第5章から8章まで**　誰でも活用しやすいように、シンプルで簡単な方法ばかりを集めました。読んでいただけるとわかりますが、中には「え？　こんなことで良いの？」と驚くくらいシンプルで簡単なこともあります。しかし、とても効果のあるものばかりです。

はじめに……1

## 1 なぜうちの子は「言っても聞かない」の？

■必死になって〝小さなTシャツ〟を着せようとしていませんか？……34
■大人になると〝思春期の感覚〟を忘れてしまう……37
■なぜ本に書かれている〝テクニック〟が通用しないの？……43
■ルールでしばってもやる気になることはない……50
■有名な塾へ入れているのに……52
■だってそういう〝時期〟だから……56
■あなたの〝心の状態〟が子どもに影響する……61

## 2 「思春期の脳はいつも混乱中」を理解すると一気に楽になる

■イライラや不安でいっぱいのあなたへ……66

■思春期の脳は〝ただいま建設中〟……69
■思春期の子は自分でもわけがわからない……70
■すぐに怒るのは、なぜ？……77
■親はうとましく思うもの……83
■常に〝サバイバル〟を生きている……86

# 3 頑張るから認めるのではなく、認めるから頑張る

■私は長年〝勘違い〟をしてきました……92
■認められていると感じるからこそ、もっと高いものに挑戦しようとする！……93
■「ベース」があるから挑戦する……102
■認めてくれる誰かがいれば乗り越えようとする……104
■叱っちゃダメなの？……118
■一つ叱ったら、三つ褒めよう……120
■「褒める」ことより「認める」こと……127

■心の奥底では目をかけてもらいたい！……132

## 4 思春期の子をやる気にさせる3つの秘訣

■秘訣①（リ）〝理解と共感〟をする……143
正論よりも感情で動く！……143
■秘訣②（ソン）〝存在感〟を感じられるようにする……147
〝存在感〟が「自分のことが好き」を作る……147
〝安心感〟があるから頑張れる……149
■秘訣③（ジ）〝自分で〟決めさせる……153
〝自分で決めたこと〟はやろうとする……153
なんだか尊重されている感じがする……155

## 5 簡単「やる気引き出し」テクニック①〝理解し共感〟してあげよう

■〝理解と共感〟の具体的方法……160

■子どもの好きなことをちょっとだけ調べてみる……161
■「へー」「なるほど」「それってどういうこと？」が子どもを元気にさせる！……170
■思春期女子にはとにかくうなずく！……173
■失敗談を話す……180
■「なるほどね」と、いったん認めてから「お母さんの意見を言っていい？」で子どもの聞く姿勢は激変する……186

# 6

## 簡単「やる気引き出し」テクニック②
## 〝存在感〟を感じられるようになると、よりいっそう頑張る

■子どもの写真を飾る……190
■「ありがとう」は最高の褒め言葉……195
■思春期男子には「えらいね！」より「さすがだね！」……196
■「相談なんだけど……」と子どもに相談してみる……200

■月に一回簡単な頼みごと＋「助かったぁ」……205

# 7

## 簡単「やる気引き出し」テクニック③
## 思春期になったら〝自分で〟決めさせよう

■〝自分で決めさせる〟の具体的方法……212
■「何日までにやろうとしているの？」
期限を聞いてあげると、より頑張ろうとする……213
■「何点目指しているの？」数値化の魔法……217
■「もしできたらどんな良いことがあるんだろうね？」
できたらどんな良いことがあるかイメージさせる……220
■「どうしてそんなに頑張れたの？」子供自身に
理由を見つけさせると、納得感と次へのやる気アップ！……224
■スマホやネットのルールはいっしょに作って紙に書かせよう……229

# 8 これだけは知っておきたい！「頑張ってみようかな」を引き出す五つのポイント

①有名な塾かどうかより「先生と合うかどうか」……236
②他人の力を借りると一気に好転することも！……239
③子どもの前で先生の悪口を言わない。先生を褒める……245
④あなたが口角を二ミリ上げる……249
⑤感謝の心が恐れや不安を打ち消す……252

おわりに……260

# 1

## なぜうちの子は「言っても聞かない」の?

## 必死になって〝小さなTシャツ〟を着せようとしていませんか？

思春期のお子さんを育てているあなたは、きっとストレスや不安な気持ちでいっぱいになることがあると思います。

これまでは可愛いらしい笑顔で「うん！」と元気よく返事をしていた我が子が、急に鋭い眼光とともに「うっせーな！」と言葉で罵倒してきたり無視をするようになったりします。

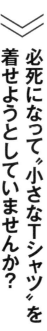

まるで別人のように変わってしまった我が子に対し、「可愛かったあの子はどこへ行ってしまったんだろう……」と寂しい気持ちやイライラでいっぱいになっているのかもしれません。

そんな我が子に対しても、頑張って欲しいという思いから声をかけ続けているあなた。

しかし、あなたの思いとは裏腹に一向に頑張ろうという気配を見せない我が子。

「いい加減にしなさい！」

「何度言ったらわかるの！」

「もう勝手にしなさい！」

日に日に語気は強まり、気がついたらいつもケンカばかりの毎日。

「いったいどうしたら良いんだろう？」

あなたは途方に暮れているのかもしれません。

**子どもは大きく変化します。**

一方で、子どもは変化しているのに、親である私たちはこれまでと同じようなやり方で動かそうとしてしまいます。

それは身長も体重も大きくなった我が子に、キャラクターが描かれた可愛らしい

必死になって小さなシャツを着せようとしていませんか？

小さなTシャツを必死になって着せようとしているようなものかもしれません。

もし、何だか全然うまくいっていないなと感じるようでしたら、あなたの〝子育て〟をちょっとだけ変えてみませんか？

なんだか難しそうに感じますか？

そうですよね。

でも、大丈夫です。

**思春期とはどのような時期なのかをおおまかに理解してみましょう。**

**そして、子育てに対する捉え方とお子さん**

**への接し方を少しだけ変えてみましょう。**

それだけで、ずいぶんとあなたの心は楽になると思いますし、きっとあなたのお子さんも「ちょっと頑張ってみようかな」と言い出すと思います。

## 大人になると〝思春期の感覚〟を忘れてしまう

誰もが通ってきたであろう〝思春期〟。

母親に向かって「話しかけないで！」と強い口調で怒鳴ったり、父親に対しては一切口をきかず、まるでそこに存在しないかのように扱おうとしたり、友達とケンカして「もう二度としゃべらない！」と誓った翌週には仲良くテレビの話題で盛り上がったり、時々、自分が嫌になって涙がこぼれてきたり……。

小さなことにイライラしたり、なんだかいつも不安だったり、口とは裏腹にやっぱりだれかに認めて欲しかったり……。

あなたもそんな毎日を送った覚えはないでしょうか？

でも、面白いことに、大人になるとそんな〝思春期の感覚〟を忘れてしまうのですよね。

そして、大人になった私たちは、〝大人の意見〟を〝大人の感覚〟で通そうとしてしまいます。

自分が感じていたあの〝思春期の感覚〟を一切忘れて。

「今頑張らないと将来たいへんなことになっちゃうよ!」

そう言われても、〝あの頃〟の自分はピンとこなかったのではないでしょうか?

なぜかって、子どもからすれば、今やっていることがどのように将来につながっていくのかイメージできないからです。

大人である私たちは、いろいろな現実を経験しているので、何がどう将来に関わってくるのかわかります。

でも、子どもは言われてもよくわからないのです。

だから、将来がどうのこうの言われても全然ピンとこないんですよね。

**しかも、将来のことがイメージできないだけでなく、基本的に将来のことより〝今大切なこと〟を優先させたいと思うのが思春期の子です。**

そんな感覚の違いから、親としては思いっきり力を込めて「将来のために」と伝えている言葉なのですが、まるで透明なおばけを必死にひっぱたこうとしているかのようにスルッスルッと抜けていっちゃうんですよね。

私の教師時代も、〝三者懇談会〟という親子一緒に受けていただく面談をするのですが、お母さんの方は異様にピリピリしているけど、当の本人は全然気にしていない様子ということはよくあります。「うちの子、全然危機感がないんです」と嘆くお母さんの姿を何度見たことでしょう。

「そのセリフ、一〇分前にも聞いたなぁ」と思うほど、多くの方が同じように嘆いていました。

また、こんなこともあります。
「オシャレなんかしてないで、もっと大切なことをやりなさい！」と言って勉強に向かわせようとする場合がありますが、これもやっぱりなかなか伝わらないのではないでしょうか？

なぜかわかりますか？

**それは、〝大切ランキング〟が親と子では違うからです。**

親としては、オシャレより勉強の方が大切という感覚。大切ランキングの順位はオシャレより勉強の方が上なわけです。
でも、当の本人は勉強よりオシャレの方が大切だったりします。大切ランキングは勉強よりオシャレの方が上なのです。
では、なぜオシャレがそんなに大切なのでしょう？

その背景には様々な理由があります。ただ単にオシャレが好きだとか、思春期だからいろいろなことに興味を持つということのほかに、やはり友達関係や恋愛関係が大きな要因になってくることが多いです。

普段付き合っている周りの女友達が、みんな休日にお化粧をしていたら、やっぱり自分もお化粧をしなくちゃという気持ちになります。それは、単純に興味があるからというだけではなく、仲間意識とか「取り残されたくない」という気持ちなど、大人が思っている以上に複雑な事情があるからです。

また、好きな男の子に振り向いてもらいたかったら、やっぱり外見に気を使いますよね！

前髪の仕上がり具合が、気になって気になってしょうがない女の子も本当に多い。三分に一回ほどの頻度で前髪を触っている子もいるくらいです。他から見れば、ちょっと前髪を整えたからといって、見た目はあまり変わらないのにね。

でも、それくらいオシャレが大切だったりするのです。

こんな感じで、親であるあなたと思春期まっただ中のお子さんでは、随分感覚が違うもの。

**だから、親子の間でズレが起こるのです。**

よく考えたら私たちだって思春期には、大人が言うことをあんなにうるさいと思っていたはずです。

でも、親になるといつの間にかそのような感覚を忘れてしまうのですよね。

では、感覚が違う我が子に対し、親としてはどのようにすれば良いのでしょうか？

**一つは、思春期について少しだけ理解しておくこと。**
**もう一つは、そんな思春期の子どもへの対応策を知ること。**

大きく分けて、この二つです。
この二つを知っておけば、ずいぶんと思春期の子育ては変わります。

## なぜ本に書かれている〝テクニック〟が通用しないの？

結論から言います。
**思春期の子どもを小手先のテクニックで動かそうとしても、うまくいきません！**

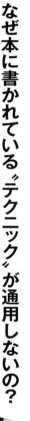

思春期の子どもが最も嫌うことは何か知っていますか？

**それは「コントロールされる」ことです。**

あなたに言われたことがたとえ正しいことであろうとそうでなかろうと、そんなことはそれほど問題ではありません。

**「親の思い通りになること」自体が嫌なのです。**

どんなにきれいなほめ言葉を投げかけても「頑張らせるためにわざと言ってやがるな」なんて感じ取ると、もうやりません。むしろ「絶対、思い通りになんかなるかよ！」と熱き反抗精神が燃えたぎってきます。

そして、心からの言葉なのか、うまく動かすために言っているのか、そういうことを非常に敏感に感じ取るのが思春期の子なのです。

少し残念な現実をお知らせします。

**「机に向かわせるための声のかけ方」や「どんどん勉強するようになるほめ方」な**

## どの〝テクニック〟は、実際には通用しないことがよくあります。

あなたも心当たりはないですか？

中には

「声のかけ方とかほめ方などについてたくさんの本を読んで学んでいるのに、うちの子には全然効果がないの……」

そんなふうに困っている方もいるのではないでしょうか？

あるいは、「うちの子には何を言っても聞かないから無理だ」とあきらめぎみになってしまっている方もいるのではないでしょうか？

実際に、私は全国各地を回らせていただく中で多くの親御さんから同じような悩みを聞きます。

ここで言いたいことは「それはあなたの子だからじゃないですよ」ということです。思春期の子の多くがそうなのです。

実は、声のかけ方などの〝テクニック〟が通用しないということは、私自身も中学教師として相当痛い目にあってきたからこそ痛感しています。

私は体育教師でしたので、体育の授業を行っていました。

体育の授業では、生徒たちを集めて説明する場面が多くあります。その際、生徒たちを先生である私の方へ注目させて説明がしたいのです。

でも、なかなかうまくいかなくて、全然違う方向を向いている生徒や、隣の子としゃべっている生徒たちがたくさんいて、困っていました。

私はある時、本を読みました。

その本にはこう書かれていました。

「子どもたちを注目させたい時は『注目しなさい』と言うより、『おへそをこちらへ向けなさい』と言うとサッと注目するよ」

という裏技ともいうべき（?）テクニックが書かれていたのです。

私は、「これだ!!」とビビッときて、翌日の授業でその技を使うことが楽しみになってきました。

翌日の体育の授業。

数十人いる生徒たちを集め、説明する時がきました。生徒たちを注目させて、しっかりと今日のポイントを説明する時です。

（よーし！　昨日学んだあの技を使う時がきた！）

私は少しワクワクした表情で言いました。

「おへそをこちらへ向けなさい」

さぁ、その瞬間、生徒たちはどうなったのか⁉

「でさぁ、昨日のあれ見たぁ？　笑えるよねー」

完全に無視。

完全にスルー。

完全に失敗。


私は、一人だけ時間が止まったような気分でした……。

授業が終わってから思いました。

「あの本、全然役に立たねーじゃん！」と。


と、まぁ、このような感じで、本に良いよと書かれている声のかけ方などの〝テクニック〟が全く通用しないことばかりでした。

イライラ。

不安。

情けなさ。

そんな気持ちをたくさん感じました。

あなたはいかがでしょうか？

私のような思いをしたことはありませんか？

しかし、わかったことがあります。
それはある意味〝普通〟なのです。
**思春期の子はテクニックでは動かないのです。**
正確に言うと、テクニック〝だけ〟では動かないのです。

声のかけ方は大切です。
しかし、その前の段階がもっと大切です。
本書でもテクニックはお伝えします。
しかし、その前に理解しておいて欲しいことを書きました。
きっとあなたの子育てを変える大きな気づきがあると思います。

## ルールでしばってもやる気になることはない

「テストで一〇〇番に入らなかったら携帯電話取り上げるからね！」
「学校へ行かないんだったらゲームやらせないからね！」
そのような〝約束〟を親の方から言い渡すことってよくありますよね。
さて、こういったあなたから言い渡す〝約束〟は効果的なのでしょうか？

実は、そのような〝約束〟が〝歯止めを効かせる〟という意味では力を発揮することもあります。
自分の意志をコントロールするのが難しい年頃のお子さんにとっては、場合によってはそれ以上怠惰にならないためにも〝歯止めをきかせる〟という意味で効果を発揮することもあると思います。

では、そのような約束が、「よし！　頑張ろう！」という〝やる気〟を引き出すかというと、ほとんどそれはありません。

なぜなら、そのような約束だけでは勉強することが楽しさや喜びに繋がることはないからです。

**「頑張ろう！」という意欲を子どもが継続させるためには、それ自体に何かしらの楽しさや喜びを感じることが必要なのです。**

あるいは、それをすることがのちの大きな喜びにつながっていると実感できなければ、内側からのやる気は湧き上がってこないのです。

**〝嫌なこと〟は誰でもやっぱり長続きはしないのです。**

ですから、「テストで一〇〇番に入らなかったら携帯電話取り上げね」という約束のみを気にして勉強する子は、一〇〇番以内にはなったとしても、それ以上ぐんぐん伸びていくかというとそうはならないです。

なぜって、その子の勉強の目的が

「携帯電話をとりあげられないようにすること」
だからです。

もし、このようなアプローチをされていたら、少し方法を変える必要がありそうですね。

では、どうしたらいいの？

それについては後ほどゆっくりお伝えしていきます。

## 有名な塾へ入れているのに……

子どもの学力を上げさせたいと願う親御さんの中には、「我が子を塾へ通わせなければ」と考える方もいるでしょう。

もちろん、塾だけではなく、それぞれの分野でより好成績を残させるためにサッカークラブやテニススクール、ダンススクール、ピアノ教室などといった各種教室へ通わせたいと考える方もいます。

しかし、そのような塾や教室に入れたからといって必ずしもうまくいくわけではありません。

たとえ多くの合格者を輩出している有名な塾であっても、一〇〇%全員がものすごくやる気になってグングンと伸びていくというわけではありませんよね。猛烈に勉強するようになり別人のように伸びていく子もいれば、塾に行ってもボーとしてあまり身になっていない子もいます。

ここで大切なことをお伝えします。

**どんなところへ行こうと、やはり子どもにとって一番の土台は家庭であるということです。**

毎日接しているお母さんの表情や言葉がけ、お父さんの姿などが〝無意識に〟お子さんの中身を作っていきます。

私は中学校教師として多くの親子と関わってきましたが「お母さんやお父さんの影響は本当に大きいな」と何度も感じさせられました。

たとえば、一番顕著に出るのが口ぐせです。

私と進路の話をする時、ある女子生徒はいつも「はぁ……。厳しいですね」と斜め下を見ながらつぶやくように言いました。そして、その生徒のお父さんと懇談会をすると、お父さんも「厳しいですね」と言うのです。一〇分間という短い時間の中で何度も娘さんとほぼ同じ言葉を口ぐせのように口にするわけです。

おもしろいですよね。

親も子も気づいていないことが多いのですが、意外と同じような言葉が口ぐせになっていることは多いです。

一方で、このような例もありました。

経済的には決して余裕のある家庭ではなかったのですが、いつも笑顔で明るいお母さんがいらっしゃいました。私に対しても、「先生！　こんにちは！」とか「ありがとうございます！」と、とても気持ちよく挨拶をしてくださる方でしたし、ネガティブな発言をするところはほとんど見たことがありませんでした。

そのお母さんの息子さんを担任させていただきましたが、やはり「こんにちは！」「ありがとうございます！」と気持ちよく挨拶をしてくれました。ちなみに、テストでは常に学年トップクラスの順位を推移していました。

もちろん同じ家庭の中でも、子どもによって性格や言動がずいぶんと違うということもあります。

**しかし、いっしょに過ごしている限りは自然に親の影響を受けるものです。特に、物事に対する捉え方や考え方、人への接し方は親の影響が大きいなと感じさせられます。**

逆に言えば、**親次第で子どもは大きく変わります。**

だから、あきらめないでください。

きっと変わります。

ちょっとしたことでもずいぶんと変わってきますので、決してあきらめないでください。

## だってそういう〝時期〟だから

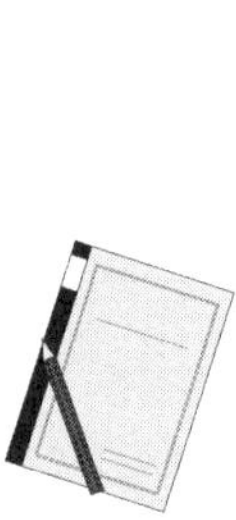

思春期は「言うことを聞かない」時期です。

だからお子さんが言うことを聞かなくなっても、必要以上に悲しまないでください。

そして、必要以上に自分を責めないでください。

思春期の子は、言うことを聞かなかったり、無視してきたり、時には冷たい言葉を豪速球で投げつけてくることもあります。

だけどそれは、あなたが良い人なのかどうかとか、あなたの言っていることが正しいかどうかとかは、あまり関係ないのです。

あなたの「言うことに反抗したい」だけなのです。

なぜ、反抗するの？

**理由は「思春期だから」です。**

そういう〝時期〟なのです。

すべてを真に受けると、つらく苦しい真っ黒な泥沼にハマります。

なぜそう言えるのかって、私がハマったからです。

それはそれは深く重たい泥沼でした。

意外と繊細だった私は、中学生の一言一言を重く受け止めました。

女子生徒に言われた一言。

「ウザイ」

その一言が頭の中をぐるぐる回ります。夜、寝る前の布団の中でも、私の頭の中ではずっとその一言が回り続けています。

（一体、何がうざかったんだろう？）
（あの時、何て言えば良かったんだろう？）
（嫌われちゃったかな？）
（顔を合わせたくないな……）
（でも、話さないといけないし……）
（はぁ……。次は言葉を慎重に選びながら話そうかな）
そんなことばかり考えてなかなか寝つけません。

翌日、恐る恐る声をかけます。
今度はその子が嫌な気持ちにならないようにと慎重に言葉を選んで話しかけます。
すると、なんと言われたか……。
「ウザイ！」
（えー！　なんで⁉　なんか今悪いこと言った⁉）
頭の中が真っ白になります。

そして、そんな私に間髪入れずに次なる強烈な一撃が食らわされます。

「もう話しかけないでよ！」

（がーーーん）

私は深く傷つきながら、心の中で誓います。

（わかった！　もう二度と話しかけないからな‼）


さて、この後どうなるでしょうか？

当時の私にとっては信じられない一言が飛び出すわけです。

「先生は、ひいきばっかり。あの子にはたくさん話しかけるのに、私には話しかけないもんね‼（怒）」

心の中で叫びました。

（話しかけるなと言ったのは、おまえだろ‼）


と、このように、真に受けて気にすれば気にするほど悪循環に陥ってしまったこ

あなたの「言うことに反抗したい」だけなのです

とが何度もあります。

もちろんこれは教師に対してだけではありません。一番身近な存在である親に対してはもっとストレートにくることが多いでしょう。

しかし、もう一度言います。

**なぜ、反抗するのか?**

**それは「思春期だから」です。**

そういう〝時期〟だからなのです。

ですので、必要以上に自分を責めなくても大丈夫です。

「今の私の何が悪かったんだろう……」

「どんどん嫌われていってる。なんてダメな母親なんだろう……」

「私には子育てなんて無理なんじゃないか……」

たとえキツイ言葉を投げかけられても、そんなふうに自分を責めなくたって大丈夫です。

**むしろ自分を責めないでください。**

**あなたが自分を責めないことがお子さんにもプラスになるからです。**

## あなたの〝心の状態〟が子どもに影響する

とても、とても、大切なことです。

**あなたの〝心の状態〟がお子さんに大きく影響します。**

どうほめたら良いか、どんなものを与えたら良いか、そういったことよりも圧倒的に大きな影響を与えるのがあなたの〝心の状態〟です。

あなたの心の状態がお子さんに大きく影響します

**思春期の子は、私たち大人が思っている以上に敏感です。**

あなたが不安や焦りでいっぱいだとしたら、お子さんもそれを敏感に感じ取って、不安定になっていってしまいます。

**逆に、あなたの心が落ち着いていて、毎日を幸せそうに過ごしていたとしたら、まるでそれが伝染するかのように、お子さんも伸び伸びと頑張ろうとします。**

私の教師時代の経験でも、自分からやる気をもってぐんぐんと伸びていく生徒の親は、温かく笑顔が素敵な方ばかりでした。自分からやる気をもってぐんぐんと伸びていく生徒の親にいつもしかめっつらをしている親はいませんでした。

だから私は、あなたには少しでも気持ちを楽にしてもらいたいと心から願っています。

「いや、そんなこと言ったって、現実的には無理だよ」と思う方もいるかもしれません。


安心してください。


思春期とはどのような時期なのかを理解すれば、これまでよりもずっと気持ちが楽になるでしょう。

そして、お子さんを見る目や思春期の子育てに対するイメージがずいぶんと変わるはずです。

# 2

# 「思春期の脳はいつも混乱中」を理解すると一気に楽になる

## イライラや不安でいっぱいのあなたへ

「もう何考えているかさっぱりわからない！」と、毎日イライラしているあなた。
「この子いつも落ち着きがないけど大丈夫なのかな」と、心配な思いでいっぱいなあなた。そんなあなたは、まずは、この第二章だけでもいいので読んでみてください。

なぜなら、「思春期ってこんな感じなんだ」と少しだけでも理解すると目の前の我が子に対する捉え方がまったく変わるからです。
そして、きっとあなたの心も軽くなると思います。
そんなあなたの〝心の状態〟は言葉以上にお子さんに良き影響を与えるはずです。

第二章で伝えたいことは大きく三つです。

一つ目は、思春期の脳は〝成長過程〟にあるんだよということ。

二つ目は、あなたが悪いわけではなく脳の〝成長過程〟のせいなんだよということ。

三つ目は、子ども自身もすごく悩み苦しんでいるんだよということです。


実は、私自身も中学教師として生徒に対する捉え方が本当に大きく変わりました。

これらを知る前は、

「なんでこんなこと言われなくちゃいけないんだよ！」と腹が立ったり、

「いったい何がしたいのかさっぱりわからん！」とイライラしたり、
あとさきを考えない行動に「アホじゃないか⁉　少しは考えろよ」と情けなく思ったりして、感情に振り回されまくっていました。


そういうことが毎日のように起こるわけですから、正直、とても疲れました。

時には、深く傷つくことだってありました。


しかし、「思春期ってこんな感じなんだ！」とあらためて理解すると、それらの感情はスーッと消えていきました。そして、とても落ち着いて対応できるようになりました。

むしろ、そんな突拍子もない彼らに対し「頑張れ！」と応援するような気持ちで見られるようにもなっていったのです。

もちろん、人間なのでいつもいつも落ち着いて対応できたかというと、全然そんなことはないのですが、それ以前と比べて格段に落ち着いて対応できるようになりました。

知らないと、お互いに不幸になることさえあると思っています。

では、さっそく〝思春期取扱説明書〟をめくっていきましょう！

## 思春期の脳は〝ただいま建設中〟

思春期の脳は〝ただいま建設中〟状態です。つまり、〝作っている最中〟なのです。

大人である私たちの脳は、急激に成長する期間を終え、ガチッとある程度〝完成〟しています。

だから、良くも悪くも、ある程度考えが一貫していたり、ここまではやっても良いけど、ここからはダメだよなという判断基準が明確で、その基準に沿って行動したりします。また、ある程度後先を考えて行動できるし、腹が立っても多少状況に応じた対応ができますよね。

しかし、思春期の脳は〝成長過程〟にあるので大人のようにはいかないのです。

思春期の脳は〝作っている最中〟なのです

話すこともやることも、あっちへいったりこっちへいったりして、大人からみると優柔不断だなぁと思うことや矛盾することばかりします。

そうやって、いろいろなことをして経験から学ぼうとしているのが、成長段階である思春期の脳なのです。

## 思春期の子は自分でもわけがわからない

「これで合っているかな？」
「うーん、やっぱり違うかな？」
「あぁ、やっぱりこっちに行こう！」

「いや、それじゃダメ！」

「よし！　決めた！　オレは将来こうなる！」

「あれ？　やっぱり違うんじゃね？」

「あー、もうどうしたら良いの？」

「誰か答えをちょうだい‼」

「いや、やっぱり答えなんていらねー」

「あー、でも自分でもわかんねーし……」


という感じで、常に混乱しているのです。

振り返ってみるとあなたのお子さんにも〝混乱〟しているような言動がありませんか？

「ほんと、うざい！　話しかけないでよ！」とキレたと思ったら一時間後には「ねー、ねー、このワンピースかわいくない？」と自分から話しかけてくる。

「将来美容師になる！」と宣言した翌日には、「オレ、先生になるわ」と言い出す。

「もう死にたい……」と泣いていた数時間後には、お菓子を食べながらお笑い番組を見て爆笑中。

いやー、私たち大人からすると、よくわからないですよね。
**言うこともやることもコロコロ変わるし、言っていることとやっていることが全然違うということもよくあるし、もう矛盾ばかりです。**

私が中学校の教師をしていた時も、そんなことばかりでした。
**でも、こういうものなのです。**
**だって、常に〝混乱している〟のですから！**

大人の私たちから見ると、「ほんとわけがわからない」とため息をつきたくなったり、「もっと自分の意志をちゃんと持ちなさい！」と怒りたくなるようなこともたくさんあると思います。

思春期の脳はいつもわけがわからなくて、もがいています

でも、**実は思春期の子は自分でもわけがわからないのです。**

むしろ自分自身が「はっきりとした意志を持ちたい！」と強く願っていたりするくらいです。

それでもできなくてすっごく苦しんでいるのが〝思春期〟なのです。

「自分がわからない」

私たち大人でもそのように迷うことはあると思いますが、思春期真っ只中のお子さんは常にそんな感じです。

**それは、脳が〝混乱中〟なので、仕方がないのです。**

私は中学校教師として生徒と関わる中で、このことを知ってからずいぶんと生徒に対する気持ちが変わってきました。

ある女子生徒がこう言います。

「先生、私、明日から頑張る！」

普段遅刻が多い女子生徒が、自分から朝早く起きて、テスト勉強も頑張ると宣言します。

「お！　よーし！　頑張るか！」

こちらもその一言が嬉しくて、満面の笑みで元気いっぱいに励ましの言葉を投げかけます。

「さぁ、今日から頑張ると言っていたあの子を出迎えるか！」と気合い十分に学校へ向かった翌日、彼女は、また、遅刻をしてきました。

「今日から頑張るんじゃなかったのか⁉」

そんな私からの言葉にその女子生徒から出てきた言葉はこんな感じ。

「別にどうでもいいし。頑張ったって意味ないし」

とても昨日、自分から意気揚々と「頑張る！」と口にしていた子の言葉とは思えません。

何も知らなかった頃の私は、

「おまえふざけんな！　自分から言ったんだろ！　コロコロ変えるなー！」

と心の中で、その矛盾した態度と言動にイライラしていました。

しかし、思春期真っ只中のこの子たちは、今、自分でも訳がわからないほどに混乱しながら成長している時なんだということを知っていると、「自分から言ったんだろ？　頑張らなきゃ」と同じような言葉を伝えつつも、内心は
「今、この子は混乱しているんだろうなぁ。家庭や友達とのこともあって自分でも頭の中がごちゃごちゃしていてたいへんなんだろうなぁ」
と同情の気持ちもあって、**「責め立てる」というよりも「励ます」というスタンスで接する**ことができるようになっていきました。

そうすると、言葉としては同じようなことを言ったとしても、その生徒への伝わり方は全然違って、「もう一回頑張ろうかな」と意欲を引き出せることが非常に多くなりました。


**繰り返しますが、思春期の脳は〝混乱中〟です。**

**自分でもわけがわからなくて、もがいています。**


ですので、今度からお子さんが訳のわからないことを言い出したら、ちょっと小言を言いつつも「あぁ、今混乱しているのね」と心の中でつぶやいてみてください。

あんなに腹が立ったお子さんの言動が、なんだかかわいく思えることもあるかもしれませんよ！

むしろ、なんだか思春期真っ只中で、もがいている我が子が愛おしく思えてくるかもしれません。

## すぐに怒るのは、なぜ？

思春期のお子さん、すぐに怒ったりしませんか？
別にこちらとしては大したことを言ったつもりはないのに、急に鋭い目に変わって「うるせー！」とか「は？　意味わかんない！」などとグサッとくるようなことを言い出しませんか？

時々激しく怒り出すこともあって、部屋のドアが壊れちゃうのじゃないかと思うほど思いっきり「バンッ!!」とドアを閉めたり、近所の人に「何か事件でも起きたの!?　警察呼ぶ!?」と通報されそうなくらい大きな声で怒鳴ってきたり、時には拳で家の壁を殴って壊しちゃったり……。

とにかくすぐに怒るし、怒ったら歯止めがきかなくなる時もあるし、心配になり

ますよね。
いや、人によっては心配になるというか、腹が立って仕方がないかもしれませんね！

私も中学教師をやっていた頃、よく思いました。
「なんでこんなにすぐ怒るんだよ！　もうちょっと落ち着きなさい！　小さい子どもじゃないんだから」そんなことを何度も思いました。

中でも、女子生徒に鋭い目で「は？　関係ないじゃん」と冷たい一言を浴びせられる時は、本当にグサッとくることもあって、一日ずっとブルーな状態なんてことがよくありました。

時には、そうやって子どもに怒られることが嫌で、正直、声をかけたくないなと思ったことも何度もあります。メンタルが弱かったので。
それくらい嫌な気持ちになることもありました。

あなたもお子さんに対してそんなふうに思ったことはありませんか？

**でも、実は、すぐに怒るのは脳が成長過程にあるせいでもあるのです。**

脳には「前頭前野」という部分があるのですが、ここはどういうところかというと、衝動を管理してくれたりするところです。

私たち大人はこの「前頭前野」が発達しているので、ある程度、あとさきを考えて言動ができます。

たとえば、何かの会合でたまたま横に座った人が自分とは合わないなと感じるような人であっても、一応は「そうですよね」と話を聞いたり、ちょっとした笑顔で「ありがとうございました」と言ったりして、〝考えた〟対応ができます。

間違っても、「この場から消えて！」なんて言うことはなかなかないですよね！

でも、思春期の脳はちょっと違います。

思春期の脳は、まだ、この「前頭前野」が発達過程にあるので、大人とは比べものにならないほど「衝動が管理できない」のです。

腹が立ったら「ムカつく！」
嫌になったら「もう、やだ！」
合わないと思ったら「嫌い！」

**考える間もなく電光石火でポンッと言葉が出てきてしまうのが思春期の子です。**

要するに、門番がいないようなものです。
私たち大人は、思ってもそれを出して良いのか判断する門番がいて、その門番の前を通ってから言ったり動いたりします。
でも、思春期の子は、門番がいないので、思ったら即言っちゃったり動いちゃったりするわけです。しかも、私たち大人よりも何倍も感受性が強いので、頻度もパワーも半端ない！

言動を判断する門番がいる

衝動を管理できない

だから、すぐに怒るのです。

もちろん、怒るだけでなく、急に宝くじの一等が当たったかのように喜んだり、地獄の底に突き落とされたかのように落ち込んだりもします。

それはまるで、高低差の激しい世界最大級のジェットコースターのようです。ストップが効かない世界最大級のジェットコースターに乗って、毎日ずっと急上昇や急降下を繰り返しているのが思春期のお子さんなのです。

考えただけでも、なんだかたいへんそうじゃないですか？

実際にたいへんなのです。「前頭前野」が発達段階で制御が効かない思春期のお子さんは、実はたいへんな毎日を送っています。

**怒りたくて怒っているというより、出てきちゃう！　という感じでしょうね。**

それが証拠に、怒った後、「なんであんなこと言っちゃったんだろう……」なんて自分を責めることだってよくありますから。

もしかしたら、あなたもそんなことを経験してきたかもしれませんね。中学生くらいの私はしょっちゅうありました。

ちょっと、思春期まっただ中のお子さんに対するイメージが変わってきましたか？

## 親はうとましく思うもの

多くの思春期の子にとって、親はうとましいものです。これは自立をしていく上での〝成長過程〟の一つなので仕方がないです。

この時期の子どもは、とにかく反抗してきます。

何を言うかや、どちらが正しいかとかはあまり関係なく、〝**とにかく反抗したい**〟のです。避けたくもなります。

残念ながら、私たちがどんなに良い行動を心がけようと、存在自体がうっとうしいと感じることだってあります。


寂しいですよね。

これまでとっても可愛らしい笑顔で「パパ大好き！」なんて言ってくれてた娘が、急に「うざい」「臭い」「同じ空気も吸いたくない」と言い出した時には、人生が終わったかのような寂しさに包まれてしまうでしょう。


**しかし、それは仕方がないことです。**

子どもも、いずれは大人になり親から離れて生きていかなくてはいけません。

一生親に世話をしてもらっていては、やはり幸せな生活は送れないでしょう。

**自立が必要です。**

親のことをうとましく思うのは、そうして自立していく成長過程の一つです。少しでも親から離れ、自分の力で乗り越えていく力をつけるべきところです。

ですから、子どもが離れていく寂しさをぐっと心の奥へしまい込み、反抗されながらも自立していく我が子を優しく見守ってあげてほしいなと思います。

そして、疎ましく思われたり「話しかけないで」などと冷たい一言を浴びせられても、**それはあなたが悪いわけではありません。**「自立」というものに向かって成長していく過程で仕方なくあらわれる〝現象〟です。

ですので、冷たい態度をとられたからといって必要以上に自分を責めないでください。**あなたが傷つく必要は一切ないのです。**

もし傷つきそうになったら、心の中で「これは思春期のせいだからしょうがない」と〝思春期のせい〟にしてしまえば良いのです。

必要以上に気にし過ぎず、少し気を楽にして〝思春期の子育て〟を乗り越えていきましょう。

## 常に〝サバイバル〟を生きている

思春期真っ只中のあなたのお子さんは常にサバイバルです。それをちょっとだけ理解してあげてください。

学校では、あらゆることを求められます。

良い成績を取れるように、一生懸命勉強しなくてはいけない、部活動でプレッシャーに打ち勝ち、勝利しなくてはいけない、仲間外れにされないように、友達とうまく付き合わなくてはいけない、先生に認めてもらえるように、頑張らなくてはいけない、大好きなあの子に振り向いてもらえるように、オシャレにも気をつけなくてはいけない、しなくてはいけないことだらけで、いつもいつも緊張感いっぱいの毎日を過ごしています。

こう書くと、「そんなに気にしなくて良いんだよ。もっと気楽にいこうよ」なんて思われる方もいると思いますが、思春期の子はそうは考えられない子がほとんどです。

口に出す言葉以上に、内面ではものすごくいろいろなことを気にしていますし、プレッシャーに感じています。口では「どうでもいいし」とは言いますが、どうでもいいなんてこれっぽっちも思っていません。むしろ、どうでもいいと思いたくても、必要以上に考えてしまうのが思春期の子です。だから、毎日毎日、ずっといろいろなことが気になっていて、常にプレッシャーを感じています。

**まさに、子どもにとって「毎日がサバイバル」なのです。**

そう、あなたのお子さんは、口では言わないものの、**とてもたいへんな世界で生きているのです。**

だから優しくしてあげてねというわけではありません。そんな感じなんだということを理解してあげるだけでも十分です。

だってそうですよね？

あなただって、あなたのたいへんさや頑張りを理解してくれる人がいたら嬉しくないですか？

どんなに疲れていても毎日料理をしてくれていることや家族が過ごしやすいように掃除をしてくれること、プレッシャーがかかる中でも家族みんなが良い暮らしが送れるようにと仕事を頑張っていること、どんなに冷たい言葉を投げかけられても

子どもにとっては毎日がサバイバルなのです

子どもの将来のためにと一生懸命声をかけ続けていることなど、あなたのたいへんさや頑張りを理解してくれている人がいたとしたら、とても嬉しい気持ちになりませんか?

たとえ、何かステキな言葉をかけてもらえなくても、そういうことを理解してくれているなと感じるだけでも嬉しいと思います。

だから、毎日をサバイバルの中で生きているんだということを、ちょっとだけ理解してあげてください。そうすれば、きっとお子さんに対する接し方が自然と変わってくると思います。そして、あなたが少しでも理解してくれていることをお子さんはとても嬉しく感じ、心が軽くなることでしょう。

さて、そんな脳が混乱中で、たいへんな時期を生きているあなたのお子さんの口から「ちょっと頑張ってみようかな」という言葉が出てくるようにするためには、どんなことをすれば良いのでしょうか？

次章では、いよいよどうすれば頑張ろうとするのかについてお伝え致します。
**私が長年〝勘違い〟をしてきた部分です。**
**正しい〝順番〟を知ることで、あなたのお子さんも変わってくると思います。**

# 3

# 頑張るから認めるのではなく、認めるから頑張る

## 私は長年〝勘違い〟をしてきました

この〝勘違い〟をしていたために、自分なりに一生懸命「やる気を出せ！」「頑張れ！」と声を張り上げるものの、うまくやる気は引き出せませんでした。

それどころか、生徒たちとの関係はますます悪くなっていく一方でした。

自信を失うこともしばしばありました。

しかし、教育学や心理学等を学び、実際に多くの子どもたちと関わっていく中で、ある大きな〝勘違い〟に気がつきました。

それは、当時の私にとって本当に大きな気づきでした。

**実は、順番が〝逆〟だったのです。**

もしかしたらあなたも、私と同じように順番を〝逆〟にしているかもしれません。そして、もしこれまでのあなたが逆のことをしていたとしたら、これからちょっとだけ考え方を変えるだけで、ずいぶんとお子さんのやる気やあなたとの関係が変わるかもしれません。

この章では、どうすればあなたのお子さんが頑張ろうとするのかについて基礎となる考え方をお伝えします。

## 認められていると感じるからこそ、もっと高いものに挑戦しようとする！

突然ですが、あなたは「**マズローの欲求段階説**」というものをご存知ですか？

私自身、これを理解することで、一気に霧が晴れたような思いになりましたので、あなたにお伝えできることにワクワクしています。

それまでは、自分なりに考えて一生懸命声をかけたり厳しく叱ったりするものの、生徒をやる気にさせることはできず非常に苦しんでいましたが、「そういうことか！」と非常に腑に落ち、一気に捉え方や接し方が変わっていきました。

まずは「マズローの欲求段階説」というものを簡単に説明します。その後に、そこからの大きな気づきについてお話しさせてください。

きっとあなたにも大きな気づきになると思います。

人間には「あれが欲しい」「これしたい」「こうなりたい」といった「欲求」というものがありますよね。

実は、そのような「欲求」には段階があるんだよということを、心理学者のマズローという人が提唱しているのです。

とても有名な説です。

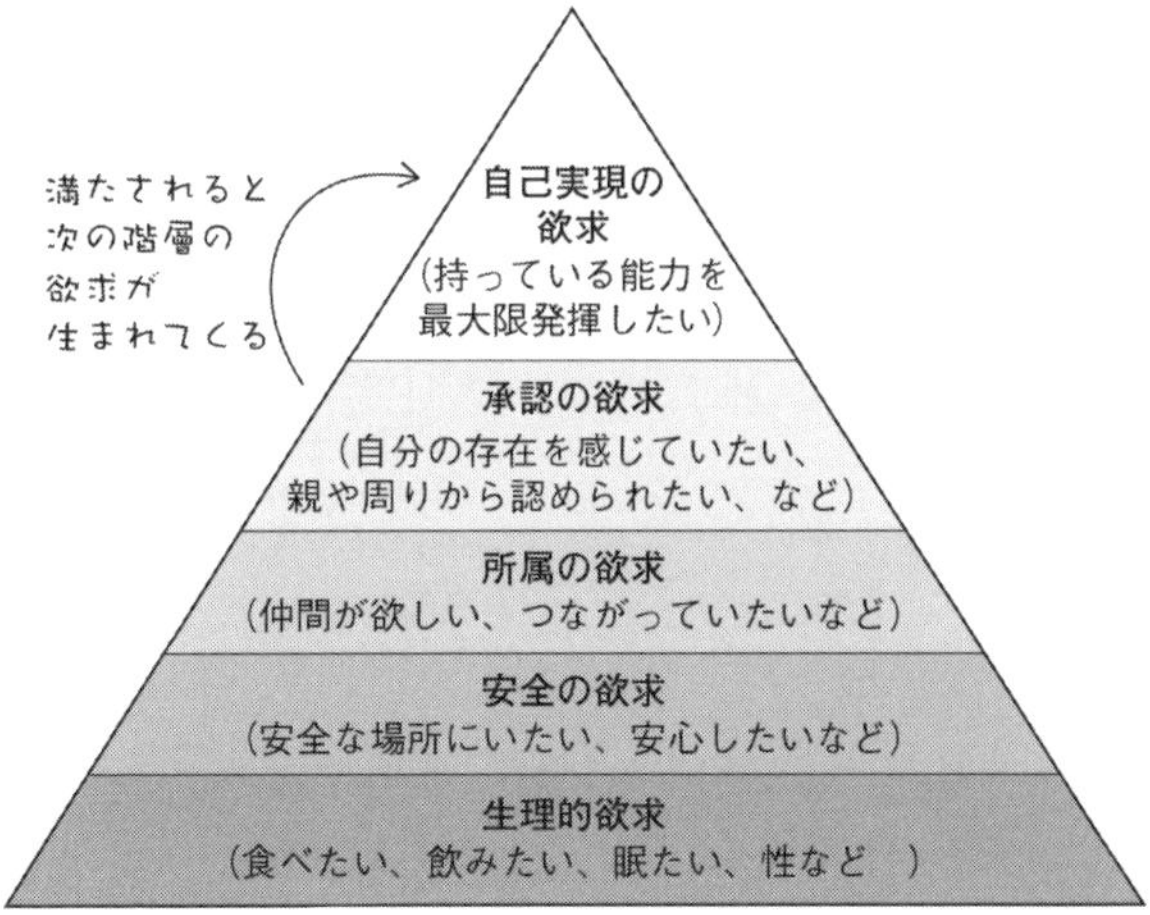


まず、基本的には欲求には五段階あるということです。

ピラミッドみたいな図で説明ができます。

どんな欲求があるか、下から順に簡単に説明していきますね。

**①生理的欲求**

生命維持に関わる欲求です。食べたい、飲みたい、眠たい、性に関する欲求などがこれにあたります。

**②安全の欲求**

安全を確保するための欲求です。安全な場所にいたい、不安を感じたくない、安心できる暮らしが欲しい、などがこれにあたります。

**③所属の欲求**

友達とつながっていたい、仲間が欲しい、周りから温かく接して欲しい、などがこれにあたります。ここが満たされないと孤独感を感じたります。

**④承認の欲求**

自分の存在を感じていたい、親や周りから認められたいなどがこれにあたります。ここが満たされていない時は劣等感や無力感などが生まれてきます。

**⑤自己実現の欲求**

持っている能力を最大限発揮したい、人のために本気で取り組みたい、そのような欲求がここにあたります。

この五段階になっています。

(場合によっては、五つ目の「自己実現の欲求」を二つに分けて六段階として説明する場合もありますが、ここではわかりやすく五段階とします)

そして、ここが重要なところなのですが、これら五つの欲求は段階になっていて、基本的に下の階層が満たされると次の階層の欲求が生まれてくると言っているのです。

つまり、たとえば、食べ物や飲み物も十分にあるし、特に安全を脅かされる環境にいなければ、①の生理的欲求や②の安全の欲求は満たされるので、次の③所属の欲求が生まれてきて「私も仲の良い友達が欲しいなぁ」と思ったりするわけです。

※厳密には、すべてそうなるというわけではありません。飛び越えて他の欲求が生まれることもあります。しかし、基本的には、下の階層が満たされるから一つ上の階層の欲求が生まれてくるということです。

このマズローの欲求段階説からわかるように、⑤の「よし！　より高みを目指して頑張ろう！」という意欲がわくのは、④の「オレ、人から認められているな」とか「私、お母さんやお父さんに愛されているな」ということを感じているからこそなのです。

④の「認められている」という感覚がないのに、⑤の「オレは持っている能力を最大限に発揮して世のため人のためになるような人間になるぞ！」とはなりにくい

わけです。

**もっとシンプルに言えば、認められていると感じるからこそ、もっと高いものに挑戦したくなるのです！**

私は〝逆〟に捉えていました。

「なんでもっと頑張らないんだ。もっと頑張ったら認めてやるよ」

そんなスタンスだったわけです。

「まずは練習を一生懸命やるようになれ。そうしたら話を聞いてやるよ」

「まずはテストで良い点を取れ。そうしたら褒めてやるよ」

その子が頑張ったら、認めるよ。

逆に、頑張らないいんだったら認めないよ。

そういうスタンスです。

今思えば、とてもおごっていたと思いますが、正直に言って私はそんな考えをもっていました。

そうやって、かき立てれば、やろうとするとさえ思っていました。

完全に〝勘違い〟です。

だからいつまでたっても生徒は自分から頑張ろうとはしなかったし、どんどん心が離れていきました。

順番が〝逆〟でした。

私がまずその生徒のことを認めてあげるべきでした。

良いところや頑張っているところを見ようとしてあげなければならなかったし、弱いところも含めてその生徒のことを大切に思わなくてはならなかったということに気がついていきました。

私はまず、個々の生徒をよく見るようにしました。勉強だけでなく部活でも友達関係でも日々の生活の中でも、ちょっとでも良いところや頑張っているところを見つけてほめて認めるように努力しました。

もちろん、私も未熟で、いつもいつもそう思えたかというとそうでないこともたくさんありましたが、やはり、少しでも意識が変わったことで本当に大きく変わりました。

その結果、生徒たちは、自分から頑張ろうとし、それほど声をかけなくても、勉強に、部活動に、行事にと一生懸命頑張ることが多くなりました。

教師時代最後の学級では、一年を通してそれほど叱ることはなくても、あらゆることに自分たちで意欲をもって取り組みました。全校行事は一年間すべての行事で優勝しましたし、学力も伸びて定期テストの平均点も毎回好成績を残しましたし、充実感にあふれた一年を作ってくれました。

個人的には、一概に優勝や一位という結果がすべてだとは思っていませんが、そ

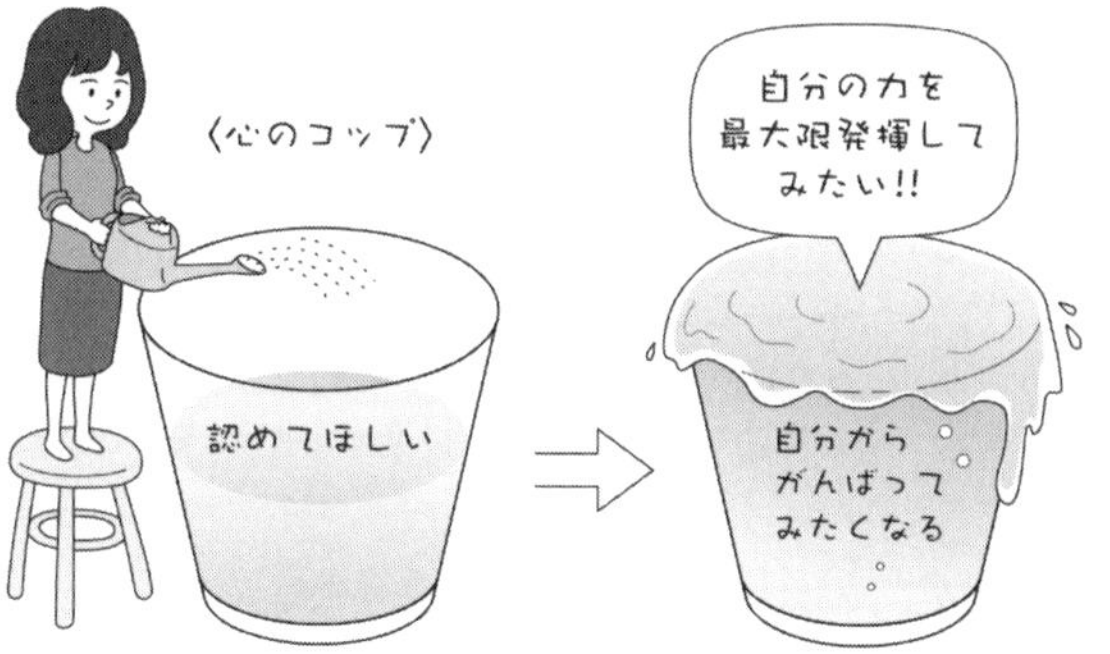


れでも、自分たちが自ら意欲をもって取り組み、お互いを認め合いながら充実した一年を作ってくれたことは、とても嬉しいことです。

元気の良い男子生徒も、おとなしい女子生徒も、最初はなかなか学校に来られなかった生徒も、一人一人持ち味があって、大好きな生徒たちでした。

教師時代の最後に、最高の一年を過ごすことができ、当時の生徒たちには本当に感謝しています。

あなたはいかがでしょうか？

お子さんをやる気にさせたいと願うあなたがやることは、シンプルです。

**「認められたい」という心のコップに、しっかりと**

水を注いであげることです。

そのコップから水が溢れ出す時こそ、お子さんが「頑張ってみたい！」と自分から言いだす時なのです。

## 「ベース」があるから挑戦する

子どもには「ベース」というものが必要です。それがあるからこそ、難しいことにもチャレンジしてみようという気持ちが出てきます。

では、「ベース」とは何か。

**簡単にいうと、どんなことがあっても心のよりどころとなる「安心できる場所」です。**

自分がたとえ失敗したりダメな部分があったとしても、それらもひっくるめて全

てを受け入れてくれて自然体でいられる場所があると、「よし！　挑戦してみよう！」という気持ちが生まれやすいのです。

逆に、そのような「安心できる場所」がどこにもない子は、「今付き合っているあの子との友達関係を絶対に崩したくない」とか「今の安定を失いたくない」というのが先に来て、挑戦してみようとか変わろうという気持ちは後回しになります。

自分の居場所がなくなるのが怖いし、上に向かって頑張ること以前に、自分を守ることに精一杯になるからです。これらは無意識に起こることなので本人すらわかっていないことがほとんどです。

**だから、外でどんなに失敗したり辛いことや苦しいことがあっても、全てを受け入れてくれる**

「ベース（安心できる場所）」があることは本当に大きな力になるのです。

## 認めてくれる誰かがいれば乗り越えようとする

子どもは認めてくれる誰かがいれば困難も乗り越えようとします。

思春期の子は勉強だけでなく、友達関係や部活動、将来への不安や恋愛まで、様々な悩みを抱えます。時には、投げやりになることもあるでしょう。

**しかし、どんな自分であっても、弱いところも強いところも全てひっくるめて自分の存在自体を認めてくれる人がいれば、それらの困難を乗り越えようとします。**

なぜなら、それが絶対的な安心感になりますし、自分だけでなく人のためにも頑張ろうとするからです。

私は昔、スポーツ強豪チームの監督は〝怖い〟イメージがありました。その怖さが子どもたちをビシッとさせ、強制的にでもやらせる力があると思っていました。それが強さの秘訣だろうと思っていたのです。

だから、〝怖く〟なろうとしたこともあります。今思えば笑えてきますが、毎日鏡を見て怖い顔の練習をしていたこともあります。

しかし、実際に、ある日本一の選手を多数育てている有名監督に会いに行くと、まったく違いました。

確かに、一歩も譲らない厳しさや怖いくらいのオーラはありますが、これでもかというほど生徒一人一人に愛情を注ぎ、その子の家庭環境から何から、一生懸命気にかけていることがわかります。

それに、たとえ大きな活躍ができるような子ではなくても、一人一人の良さを発見しようと血眼になって探しています。

スポーツの成績以外のところでも、一人一人を〝認めよう〟としているのです。親が育児放棄をしているなど厳しい家庭環境の中にいる子には、まるで親のように常に声をかけ続けていました。

そして、そのチームの生徒さんたちは、怖いから従順に従っているのではなく、そこまでしてくれる監督の思いに応えたいから、やっているという感じでした。

苦しい練習や厳しい環境を乗り越えさせている力は、私が思っていたところとは随分と違うところにありました。

**「怖いから子どもたちが動く」という考えは、私の大きな〝勘違い〟の一つでした。**

もちろん、これは監督だけでなく、親子関係にも当てはまります。

私が関わった女子生徒の話をさせてください。

その女子生徒は、私が顧問をする陸上競技部に所属していました。

彼女は、走り幅跳びを選んでとても熱心に練習に取り組む生徒でした。全体練習の時間はもちろんのこと、居残って納得できるまで、何度も繰り返し走り幅跳びの踏み切りの練習をしたり、黙々と腹筋や腕立て伏せなども行っていました。

しかし、顧問として情けない話なのですが、その時の陸上競技部は全体的にあまり意欲的に取り組む雰囲気がありませんでした。私がまだ新しく顧問になったばかりというのと、単純に私の指導力不足でした。

私がいる時はそこそこ頑張って練習する生徒も、私が見ていないところでは練習をせずにしゃべってばかりだったり、道具で遊んだりしていることも多かったようです。

そんな雰囲気の中でも、私が見ていようが見ていなかろうが、自分の目標に向かって黙々と練習に取り組んでいたのが彼女です。与えられた練習メニューも必死にこなし、自主練習も欠かしませんでした。

しかし、残念ながら、その姿が他の生徒に受け入れられませんでした。悪い意味で〝浮いてしまった〟のです。

「何、そんなに頑張っちゃってるの？」

そんなふうに言われたり、冷たい目線で見られることもあったようです。同級生だけでなく、後輩にまでそう言われることもあったそうです。

情けないことに、私はそこまでの状況になっていることに気づきませんでした。ある時、彼女のお母さんから相談があるということで話を聞かせていただいて、ようやくわかったのです。


さらに、現実は時に残酷です。

一生懸命練習する彼女でしたが、残念ながらなかなか記録が伸びず、賞状を獲得することもあまりありませんでした。一方で、あまり熱心に練習していない生徒の方が良い記録を残し賞状を獲得するということは多々ありました。そんな現状に心が折れかけていたようです。

彼女のお母さんが相談に来られた時には、彼女は部を辞めようかどうか迷っているという状態まできていました。

私は、自分自身がとても情けなく感じました。

頑張っている生徒が浮いてしまう雰囲気を作ってしまったなんて、本当に申し訳なく思いました。

彼女のお母さんは言いました。

「私はもう少し様子を見たいと思います。あの子がこれからどうしていくかはわかりませんが、**私はあの子が決めることを応援していきたいと思っています。**先生に何か要望するわけではありません。少しだけ見守っていただけるだけで良いんです」

まっすぐに私の目を見て話をするお母さんからは、どのようなことがあっても娘を応援していくし、娘を信じているという姿勢に溢れていました。

彼女は〝絶対的な味方である〟お母さんの思いを支えにし、なんとか部活動を辞めずに続けていきました。心が折れかけそうになったこともあると思いますが、黙々と練習する姿勢は変わりませんでした。

どんな時でも自分の目標に向かってひたむきに頑張ろうとするその姿勢は、私の心をも打ちました。何とか彼女に良い思いをさせてあげたいと願い、私自身もどうすれば良い結果を残させてあげられるのか試行錯誤しました。

そして、ある時、ふとした思いつきで一つの提案をしてみました。

「ハードルをやってみないか？」と。

専門的な話になりますが、走り幅跳びの踏み切りとハードルを跳ぶ時の踏み切り感覚は似ているところがあるのです。走り幅跳びの選手が、あえてハードルを跳ぶ練習をすることもあります。そこからヒントを得て、軽い気持ちで提案してみました。

「ハードルなんてやったことないし、無理ですよ」

と、はじめは彼女は乗り気ではありませんでした。

しかし、ものは試しにということで少し練習してから、小さな大会に一〇〇mハードルという種目で出場してみました。

はじめてのハードルということで、それほど良い記録は出なかったものの、本人の中で少し面白みを感じたようです。

その後、それまで専門にしていた走り幅跳びに加え、ハードルの練習も積極的に取り組むようになりました。

徐々に記録が伸び始めていき、ハードル種目で大会に出ることが楽しくもなっていきました。

そうこうしている間に、中学校最後の夏の大会が近づいてきました。県大会につながる重要な大会です。この大会には一種目しかエントリーできません。迷った末、それまで専門でやってきた走り幅跳びではなく、一〇〇mハードルという種目で大会に出場することに決めました。

この大会では各種目三位に入った選手は、県大会へと進出できることになります。

私は、どんな時も黙々と練習し続けてきた彼女に、最後には良い思いをして欲しいと、三位入賞を切に願っていました。

大会当日。

スタンドにはもちろんお母さんの姿がありました。


予選を無事通過し、決勝です。

決勝に残った八人の選手が並ぶ中、私は心の中で強く願いました。

「三位に入れますように！」

この種目には、中学二年生の頃から全国大会に出場していた愛知県では有名な選手も出場していました。さすがにその選手には勝てないものの、何とかうまくいって三位までに入らないかと願いました。


「位置について」

審判の声で各選手がスタートの位置につきます。


「用意……」

「バンッ！」

スタートのピストルが鳴り、八人が一斉に走り始めます。

「よし！　良いスタートだ！」

出遅れることなく、きれいにスタートが決まりました。

一台目、二台目、三台目とハードルを跳び越えるたびに徐々にスピードに乗っていく彼女。

「よし！　ここまではバッチリだ！」

手に汗握る中、彼女はますますスピードに乗っていきます。

すると、信じられない光景が！

あの二年生から全国大会に出場している他校の有名選手と競り合っているのです。八台目、九台目とそのまま勢いに乗り続け、最後の十台目のハードルを跳び越えます。

ゴールラインに向かって最後の力を振り絞る彼女。

そして、なんと、他校の有名選手に競り勝ち、一着でゴールしてしまったのです！

会場はどよめきます。

「誰、あれ？」

「あんな子いたっけ？」

私だけでなく、他校の監督も驚いていました。

スタンドへ目を向けると、私の学校の生徒たちは大盛り上がり。目をキラキラと輝かせて「すげー！」「おめでとう！」と叫んでいる生徒もいます。

レース後、飛び上がるように駆け寄っていく私に対し、彼女は言いました。

「先生！　本当にありがとうございました！」

彼女の顔は、今まで見たことがないほどの充実感と喜びに溢れた満面の笑顔でした。

結局、県大会では負けてしまいましたが、彼女はやり切った気持ちでいっぱいでした。

九月には、引退試合としてあてている地元の最後の大会に出場しました。大会を終え、大会会場の外でそのまま引退式を行いました。

彼女を含め引退する三年生から、残る後輩たちにお別れのあいさつをしていきました。

この時、彼女は他の部員たちからどう思われていたでしょうか?

それは、引退式が終わった後の様子を見るとわかります。

多くの後輩が涙しながら彼女へ向かっていくのです。

「先輩のようになれるよう頑張ります!」

「先輩は私の憧れです!」

「先輩、大好きです！」

彼女は私に言いました。

「先生……。私は記録が伸びたことも嬉しかったけど、もっと大切な宝物みたいなものを手に入れました。**こんなに良い仲間たちができて本当に幸せです。**続けてきて本当によかったです」

彼女も、私も、そして近くで様子を見ていた彼女のお母さんも、涙がとめどなく溢れていました。

彼女がここまで頑張り続けてこられたのは、私の指導が良かったからではありません。むしろ、私の指導力不足から迷惑をかけてしまいました。

**彼女がここまで頑張り続けることができたのは、どんな時も自分が決めたことを応援し続けてくれた、お母さんがいてくれたからでしょう。**記録が伸びない時も友達関係がうまくいかない時も、家に帰ればホッと安心できる場所があるということがどれほど支えになったのか。

私はこの親子から大切なことを教えられました。

成績不振、友達とのトラブル、けが、病気など、子どもによって大きな困難を抱える時があります。

しかし、そんな時だからこそ、**お母さんやお父さんの「何があってもあなたのことを大切に思っているよ」「大丈夫だよ」という心からの姿勢が、子どもに困難を乗り越えさせる大きな力となっていきます。**

大人であろうと子どもであろうと言えることですが、自分だけのために頑張ろうとする時よりも、**人のために頑張ろうとする時の方が圧倒的に大きな力が生まれます。**

**私たち親がどれだけ子どもを認め、安心できる場を作ってあげられるかが、とても大切になってくると思います。**

## 叱っちゃダメなの？

ところで、あなたは叱ることは良くないことだと思いますか？

「先生、私はすぐに言いたくなっちゃうんです。褒めたりした方が良いことはわかっているし、叱らない方が良いことはわかっているのですが、ついつい言っちゃうんです。最近、叱らないで褒めようみたいな本がたくさん出ていますが、叱っちゃう私は良くないのでしょうか？　やっぱり叱らない方が良いのでしょうか？」

講演会に行くと、このようなご質問を受けることがあります。

結論から言います。

**叱ってあげてください！**

**なぜなら、思春期は叱らないといけない時期だからです。**

どういうことかというと、先に述べたように思春期のお子さんは衝動にブレーキが効かなくなったり、いろんなことを試したくなったり、**自分ではコントロールが効かないことがたくさんあるわけです。**

ですから、衝動的に人を傷つけるようなことを、あとさき考えずに言ってしまったり、興味本位でお酒やタバコに手を出そうとしたくなったり、場合によっては命の危険を伴うようなことをすることだってあり得ます。

放っておいたら、ブレーキのない自動車をアクセル全開でぶっ飛ばすくらい無茶苦茶なことをしてしまいがちなのが、思春期の子です。

このように、**特に思春期は自分ではコントロールが効かない部分が多いわけですから、誰かが壁となってブレーキになってあげなくてはいけません。**

たとえ、嫌われたり冷たい言葉を言われようと、時には山のようにびくともしない大きな壁になってあげる必要があるのです。

だから、叱ってあげてください。いや、むしろ叱ってあげないといけないのです。

## 一つ叱ったら、三つ褒めよう

ただ、叱ってばかりも良くありません。

あまりにも叱ってばかりでは、お子さんの自己肯定感が下がってしまい「オレなんて、どうせダメなやつだし」とか「もう無理！」となげやりになってしまいます。

ですので、基本は一対三です。

**一つ叱ったら、三つ褒める。**

この割合を意識されると良いと思います。

逆に言うと、それだけ褒めていたら一度や二度叱ったくらいで心は離れていきませんので、安心して叱ってあげてください。

このように言うと、最初は「そんなに自分の息子に良いところなんてないですよ」などと自信なさげのお母さんやお父さんが多いのですが、面白いことに、いつも「褒めるところはないかな?」と考えていると、どんどん良いところが目に映るようになっていきます。

私もそうでした。生徒と接していると、「また忘れ物して!」とか「あの子は怠けてばかりで全然掃除をしていないな」とか悪いところばかりが見えてきて、いつも腹が立っていました。

しかし、ある時期に、私から発行する学級通信の中で「二年一組の光」というようなコーナーを作りました。

そのコーナーでは、「○○さんが近くに落ちていたゴミを拾ってくれました」とか「スポーツ祭の練習の時に△△くんが大きな声でみんなを励ましてくれました」などといった生徒の良かったところを書くことにしたのです。

そうすると、書くネタを探さなくてはいけないということもあり、常日頃から

「この子の良いところは何かな？」と探索レーダーのように良いところ探しをするようになったのです。

するとそれまでは見つからないような良いところが見つかっていくわけです。

「おー！　この子は意外と絵が上手なんだな！」とか「この子、教室移動をする時、必ず机の上をきれいにしてイスもしまってから移動しているんだ！」というように、見えなかった良いところが見えてくるのです。

実は、これ、科学的にも言えることなのです。

専門用語ではＲＡＳ（ラティキュラーアクティベーションシステム）とかスコトーマと

いう言葉などで説明されることが多いのですが、簡単に言うと、脳の特徴として「関心のある情報を得ようとし、それ以外の情報は得ようとしない」というものがあります。


一つ実験をしてみましょう。

今いる部屋を一〇秒ほど見渡して〝赤色〟のものがいくつあるか数えてみてください。ペン、筆箱、レンジ、タオル、今着ている服の袖、何でもかまいません。

（一〇秒間探す）


探せましたか？

では、次にこれから言うことをやってみてください。

今からすぐに一〇秒ほど目をつぶって、今いる部屋に〝青色〟のものがいくつあったか頭の中で思い出してみてください。

（目をつぶって一〇秒間、頭の中で探す）

はい、ありがとうございます。

さて、〝青色〟のものがいくつあったか思い出せましたか？

なかなか〝青色〟のものは思い出せなかったのではないでしょうか？

一方で、〝赤色〟のものを思い出してくださいというと「棚に置いてある本でしょ。目の前にあるペンでしょ。机の上にあるタオルでしょ」と、どんどん頭の中で浮かんでくるはずです。

実際には部屋を見渡しながら、赤色のものも青色のものも全て視界には入っていたはずです。しかし、注目していた赤色のものは頭の中に入ってくるのに、注目していなかった青色のものは、頭の中に入っていかないということが起こります。

このように、私たち人間の脳は「関心のある情報を得ようとし、それ以外の情報は得ようとしない」という特性をもっています。

ここから言えることは何でしょうか？

たとえば、いつもお子さんのことを見ているのですが、「この子ダメな子だなぁ」と思いながら見ていると、「洗濯物は脱ぎっぱなしだし、プリントはぐちゃぐちゃにして持って帰ってくるし、口答えはするし、勉強はほとんどやらないし……」とダメなことがたくさーん見えてくるし常に気になってしまうわけです。

一方で、同じお子さんの同じ生活を見ていても「この子はステキな子だなぁ」と思いながら見ていると、「近所のおばあちゃんに挨拶をするし、妹の作品作りを手伝ってあげるし、いつも面白いことを言ってみんなを笑わせるし、ほとんど病気もせず毎日学校に行っているし……」などと良いところをがたくさん見えてくるし、嬉しくなっちゃうわけです。

**同じお子さんを見ていても、あなた次第で見える部分が変わってくるわけですね。**

さらに言うと、**人間は基本的に欠点に目がいくようになっています。**

これも実験をするとわかるのですが、きれいな丸と一部だけ欠けている丸の二つを並べた時に「どちらが気になりますか？」と質問をすると、ほとんどの人は欠けている丸の方と答えます。

これは、人間は欠けているところが気になってしまうという習性があるからです。

だから、人の欠点が気になってしまうのもある意味〝普通〟なのです。

このように、私たちは何も意識しないと欠点ばかり見えてしまいがちになります。

そして、さらに多くの欠点を探そうとさえしてしまいます。

でも、悪いところばかりしか見えてこなかったらそれはお互いにとってすごく悲しいですよね。

**だからこそ、少し意識して良いところを見るようにしたいなと私は思っています。**

**「子どもと親は鏡のようなものだ」**と言われます。

あなたがお子さんの良いところを見ようとすると、お子さんもあなたの良いところを見ようとしてくれるかもしれません。

## 「褒める」ことより「認める」こと

あなたにお聞きします。

「褒めること」と「認めること」の違いはわかりますか？

同じような意味で捉えている方もいますが、「褒めること」と「認めること」は少し違います。

そして、結論から言うと、**「褒めること」よりも「認めること」が大切です。**

では、どのように違い、なぜ「褒めること」より「認めること」が大切なのかをお伝えしたいと思います。

褒めることというのは、お子さんが何か良いことをした時に「すごい！」とか「よくやったね！」と賞賛するような言葉をかけてあげることですよね。

それに対して**「認めること」というのは、良いことがあった時はもちろんのこと、良くないことがあってもお子さんの〝存在そのもの〟を大切にしてあげることです。**

たとえば、こんな例があります。

テストで点が上がった時は「よく頑張ったね！」と褒めますし、徒競走で一番になったら「すごかったね！」と褒めます。要するに良い結果を出したり、前向きに頑張っている時は、賞賛する言葉を投げかけます。

しかし、そうではない時、たとえば日常の生活では常にしかめっ面で「あんた本当にバカだね」なんて声をかけたり「近所の○○くんみたいにもう少し頑張りなさいよ」というように、他の子と比較をして残念がってばかりいる場合は、どうでしょうか？

これは、場合によって褒めることはあっても、普段から「認めて」はいないわけです。

親の期待に応えられた時は褒められるけど、期待に応えられない時や普段の生活では、なんだかいっしょにいても嬉しそうでもないし、他の子のことばかり「すごい！　すごい！」と言っていたりする。

そうすると、いつも親の期待に応えなきゃというプレッシャーを感じ続けて精神的に参ってしまうことがあったり、伸び伸びとできないから逆に伸び悩むことが多くなります。

さらに、勉強でもスポーツでも「親の期待に応えること」が目的となってしまいます。

親の期待に応えることが目的で頑張ってきた子は、いずれ何のためにやっているかがわからなくなり、目的を見失って燃え尽き症候群のように、急激にやる気や生きる気力さえ失われていくことがあります。

それに対し、良い時も悪い時も常に一人の人間として大切にしてあげると、失敗を恐れずに伸び伸びと挑戦しようとします。たとえ、勉強や部活動の成績が伸びなかったり友達関係がうまくいかない時でも、**「自分には常に味方がいる」という安心感がある子は強いです。逆境にも負けません。だから、また頑張れます。**

個人的に最高だなと思うのは「褒める」という感覚すらなく、結果的に〝褒めてしまっている〟ことです。

普段からお子さんのことを一人の人間として尊敬や尊重をしていると、テクニックではなく自然と「おー！　すごい！」と感心したり、「わー！　頑張ったね！」と嬉しくなって自然と満面の笑みで喜んだり、「どうやったらそんなにできるようになるの？」と逆に聞きたくなっちゃうこともあると思います。

そんな自然な反応が一番、お子さんを喜ばせますし、だからこそ、また頑張ろうという意欲が生まれます。

私は教師として、あるいは教育アドバイザー、教育講演家として多くのお母さん、お父さんと関わってきましたが、伸び続けていくお子さんの親御さんは、やはり調子が良かろうが悪かろうが笑顔で見守っている方が非常に多かったです。

一方で、時々良い結果を出すけれど、なかなか伸び〝続ける〟ことはないお子さんの親御さんを見ると、確かに良い時には「頑張ったね」などと声をかけることもあるのですが、それ以外はいつも「もう……」とため息ばかりついていて、お子さんもふてくされた顔か疲れているような顔をしていることが多いです。

褒めることを意識するのも大切にするとともに、常日頃からお子さんのことを一人の人間として認めてあげてください。良い時はもちろんのこと、たとえ成績が落ちてしまった時や口答えが激しくなってきた時でも、お子さんの良いところや頑張ろうとしている姿勢をよく見てあげて、「あなたのことを尊敬しているよ」「あなたは大切な存在だよ」という思いで見てあげてください。
そうすれば、お子さんは安心して頑張ろうとします。

具体的にどうすれば良いのかは、次章以降でお伝えします。

## 心の奥底では目をかけてもらいたい！

思春期真っ只中のあなたのお子さんは、いつも冷めた表情でトゲトゲしい言葉をぶつけてくるかもしれません。
「近寄らないで！」
「ほんとムカつく！」
「死ね！」

そんな言葉を平気でぶつけてくることもあるかもしれません。時には、一週間以上無視し続けることだってあるかもしれません。

傷つきますよね。

腹が立ちますよね。

こちらの方が関りたくなくなることだってありますよね。


しかし、これだけは覚えておいてください。

あなたのお子さんは、口ではなんと言おうと、心の奥底では目をかけてもらいたいと強く願っています！


思春期のお子さんは、表現がとても苦手です。プライドもあるし、カッコつけたいし、自分の気持ちを正直に話すことはなかなかないでしょう。

でも、心の奥底では目をかけてもらいたいと強く願っています。

体が大きくなって大人と変わらないくらいになっていきますが、**心はあなたの子どもであり続けるのです。**

**愛されていたいのです。**

もう一度伝えます。

あなたのお子さんは、口ではなんと言おうと心の奥底では目をかけてもらいたいと強く願っています！

だから、**ぜひ、見守っているよという合図を送ってあげてください。**

**それだけで、あなたのお子さんは嬉しいし、その安心感があるからこそ頑張ろうとします。**

**「頑張るから認めるんじゃない。認めるから頑張るんだ」**

では、どうすればお子さんは「認められている」と感じ、頑張り出そうとするのでしょうか？

次章では、「思春期の子をやる気にさせる三つの秘訣」についてお伝えします。

この三つがお子さんを変えます。
それでは、次の章で「三つの秘訣」を探ってみましょう。

# 4

# 思春期の子をやる気にさせる
# 3つの秘訣

言っても聞かない。

すぐに怒る。

コントロールされるのが大嫌い。


でも、認めてもらいたい。


そんな思春期のお子さんをやる気にさせるにはどうしたら良いのでしょうか？

また、「認めてもらっている」と感じられるようにするにはどうしたら良いのでしょうか？

褒める？

それも良いけれど、それだけだとうまくいかないこともありますよね？

そもそも、褒めた言葉さえ素直に受け取ってもらえないこともありますし。

では、どうしたら良いのでしょう？


私はうまくいかない自分だからこそ、様々なことを学んできました。

本も軽く千冊以上読んできましたし、自主的に全国各地で行われている多くの講座へ参加してきました。また、有名な教師や講師さんなどに会いに行って教えてもらったりもしました。

そうしていろいろなことを学びながら、実際に何百名、何千名といる目の前の子どもたちと関わってきました。また、多くのお母さん、お父さんの相談にものらせていただいてきました。

今では、全国各地の子どもから親御さん、教師たち、そして時には海外の皆様に関わらせていただくこともあります。

そのようにたくさんの〝学び〟と〝実践〟をする中で、「やる気を引き出すコツはこれだな！」と実感したものがあります。

さらに言うと、多くのご家庭と接してくる中で、お子さんが自分自身で目標をもって伸び伸びと取り組んでいるような家庭では、これらを自然とやっていることにも気がつきました。

どんなことだと思いますか？

それは「リソンジ」です！

リソンジ？　聞いたことがないなと思った方もいるでしょう。

「リソンジ」とは、これからお伝えする三つの秘訣の頭文字をとって私なりに表現した言葉です。

では、具体的にお伝えします。

秘訣はシンプルに３つです。

**秘訣１　（リ）理解と共感をする**

**秘訣２　（ソン）存在感を感じられるようにする**

**秘訣３　（ジ）自分で決めさせる**

リソンジ母さん、リソンジ父さんになれたら良いですね！

この3つの秘訣でお子さんのやる気はぐんっと上がります。

なぜなら、**これらをすると、お子さんが「自分のことを認めてくれている」と感じるからです。**

それが内側からのやる気につながり、お子さんは「よし！　頑張ろう！」「ちょっと難しそうだけど挑戦してみよう！」となるのです。

だから私はお母さんやお父さん方に向けて「〝リソンジ母さん〟や〝リソンジ父さん〟になっていけると良いですね！」と話します。

ちなみに、千葉大学名誉教授坂本昇一先生

は「生徒指導の三機能」と称して学校教育に対して次の三つを提唱しておられます。

●子どもに自己決定の場を用意すること
●子どもに自己存在感を与えること
●子どもとの共感的関係（であい）を基盤にすること

私が本書でお伝えすることとは若干ニュアンスや内容が異なるものの、学校教育でもこれらが大切であると提唱されています。本格的に教育学を学びたいという方は、坂本昇一先生の書籍も読まれることをお勧めします。

では、それぞれの秘訣についてもう少し詳しくお伝えしますね。

# 秘訣①（リ）〝理解と共感〟をする

## 正論よりも感情で動く！

思春期の子は「理屈や理論よりも感情的にどうか」がとても影響します。

将来から計算して今何をすれば良いかという理論的な考えをするよりも、

「わぁ、なんか楽しそう！」

「すごい！　私も頑張ってみようかな！」

「カッコイイ！　オレもあんなふうになりたい！」

そんな〝感情〟が大きな原動力となります。

だから、普段どんな「感情の状態」かが、やる気や考えにとても大きく影響するのです。

ということは、普段から〝良い感情の状態〟にすることが大切と言えますよね。

その〝良い感情の状態〟を作るのが、親であるあなたの〝理解と共感〟なのです。

どういうことかというと、人は「自分のことを理解してもらえた！」とか「私の気持ちをわかってくれているなぁ」と感じると、ネガティブな感情がスーッと抜けていって、ポジティブな感情になりやすいのです。

あなたもそうではないですか？

何か嫌なことがあった時に友達や旦那さん、奥さんなどに話を聞いてもらえたら、なんかスッキリして「よし！　頑張ろう！」とポジティブな気持ちになることはないですか？

思春期の子に限らず、大人の私たちでも自分の話を聞いてもらい、なおかつその時の気持ちを「わかってくれているなぁ」と感じると、スーッと気持ちが落ち着いていくのですよね！

これが思春期の子なら、なおさら必要になってきます。

だって毎日いろんなことがありますから！　友達関係もコロコロ変わるし、学校の授業や行事はいろんなことをやりますし、部活動の練習や大会もあるし、いろんな教師からいろんなことを言われるし、流行りの歌やフレーズも目まぐるしく変わるし、もう毎日が特別日です。

それに加えて、前述したように〝衝動が抑えられない時期〟です。

感情はジェットコースターのようにグルングルン揺れ動きまくりです。

そんな時期だからこそ、**よく話を聞いて、理解と共感をしてあげることは、お子さんが落ち着くためにとても大きな効果を発揮します。**

そして、お子さんの感情が落ち着くからこそ、「よし！　そろそろ頑張ろうっと！」と勉強や練習などに取り組もうとするのです。

**ぜひ、ちょっとだけでも良いので話を聞いてあげて、「へー、なるほどね」「それはたいへんだったねー」と〝理解と共感〟をしてあげて欲しいなと思います。**

まぁ、少し忍耐が必要なこともあるかもしれませんが。

## 秘訣②（ソン）〝存在感〟を感じられるようにする

### 〝存在感〟が「自分のことが好き」を作る

お子さんが〝存在感〟というものを感じられるようにすると、よりいっそう頑張ります。

**「自分はこの家族の大切な一員なんだ」**

そんなふうに家庭の中で〝存在感〟をしっかりと感じられている子ほど、自分から前向きに頑張ろうとします。

なぜなら、**〝存在感〟を感じられると、〝自己肯定感〟というものが高まり、それが自信や、やる気につながるからです。**

簡単に言うと、「あぁ自分はこの家族の大切な一員なんだな」と感じているほど、**「オレは大切な存在なんだ」とか「私は人に必要とされている人間なんだ」という思いが高まり、いわゆる「自分のことが好き」になれるのです。**

**「自分のことが好き」な子は自分に対する自信も生まれます。**そして、自信があるからこそ何かに挑戦しようとか頑張ってみようという前向きな気持ちが生まれるのです。

一方で「自分なんて誰からも必要とされていない」とか「いてもいなくても同じなんだ」というようなことを感じている子は、当然のことながら「自分のことが好き」にはなりません。

自分が好きではない子は、自分に対する自信も生まれません。

そして、自信がない子は何かに挑戦しようとか頑張ってみようという前向きな気持ちは起こりにくいのです。

実際に関わってきた生徒たちを見ても、荒れていた子のほとんどは、自分の存在や居場所を感じる場がなく「自分が好き」ではありませんでした。

だから、「自分はこの家族の大切な一員なんだ」と感じさせられるようなことをしてあげることがとても大切なのです。

## 〝安心感〟があるから頑張れる

そして、もう一つ。

**「自分はこの家族の大切な一員なんだ」という〝存在感〟を感じられるほど〝安心感〟も感じます。**

この〝安心感〟もとても重要です。


思春期の子はトゲトゲしい言葉をたくさん言いますよね。

あなたのお子さんもそうかもしれません。

「もう、ほんとウザい！」

「ほっといて！」

子どもは〝安心感〟があるから頑張れる

「こんな家、出ていきたい！」

なんて言うこともあるかもしれません。

私たち親にとっては、とてもキツイ一言ですね。


しかし、**このようなトゲトゲしい言葉を投げつけてくる思春期だからこそ、〝安心感〟が必要になってきます。**

前述したように、思春期真っ只中のお子さんの頭の中では、しっかりと〝混乱〟が起きています。


**「いったい何が正しいんだ？」**

**「オレは何がしたいんだ？」**

**「本当にあんなこと言って良かったのかな？」**

**常に迷いに迷っています。**

さらに、勉強、部活動、進路、習い事、恋愛、友達関係、……とあらゆることを考えなくてはいけない、まさにサバイバルを生きています。**思いとは裏腹にうまくいかないことも山ほどあって、先が見えなくなってしまうことも多々あります。**

そんなサバイバルを生きている思春期のお子さんは〝不安〟でいっぱいです。

もし不安ばかりを感じていたら、自信も生まれませんし、心が疲れすぎてしまいます。

そして、**心が疲れすぎてしまうと、何に対してもやる気が起きなかったり、時には自暴自棄になってしまったりしてしまいます。**

〝心の病気〟みたいなものです。

私たち大人でも睡眠不足が続くと何もやる気にならなくなったり、イライラしてきたり、病気になったりしてしまいますよね？

それと同じようなものです。

まるで自動車を休むことなく動かし続けた結果、ガソリン不足で動かなくなってしまったり、オーバーヒートしてショートしてしまうようなものです。

思春期のお子さんには、心がホッと癒される〝安心感〟を感じられる場が必要なのです。

**お子さんにとっての「心のガソリンスタンド」**

家庭がそんな役割を果たせると良いですよね。

ぜひ、〝**存在感**〟**をしっかりと感じられる安心の場を作ってあげてください。**

## 秘訣③（ジ）〝自分で〟決めさせる

### 〝自分で決めたこと〟はやろうとする

思春期の子は、人から言われたことはやろうとしません。

特に親から言われたことを喜んでやろうとすることはなかなかないでしょう。

しかし思春期の子だろうと何だろうと、〝自分で決めたこと〟はやろうとします。

実は、心理学の中で「**一貫性の法則**」というものがあるのをご存じですか？

簡単に説明すると、人は自分で言ったことは、それを守ろうとする心理が働くということです。自分の中で言ったことを一貫させようという心理が自然に働くのです。

つまり、「あんた、九時までに宿題終わらせなさいよ！」と言うと、なかなかやろうとしないのに、「何時までに宿題やるの？」「うーん、九時までにやる！」と本人が自分で口にすると、九時までに宿題をやる確率はグンッと上がるわけです。

しかも、言われてやることよりも自分からやることの方が、圧倒的に身になりますよね。

だから、一見、回りくどそうに感じるかもしれませんが、実は、聞いてあげて自分で決めさせた方が学力も部活動も習い事も伸びやすいわけです。

**自分で言ったことはやろうとする。**
**だから、できる限り自分で決めさせるようにする。**

これが一つの理由となります。

もう一つとても重要な理由があります。

## なんだか尊重されている感じがする

実は、自分で決めさせることでやる気になるのには、もう一つとても重要な理由があります。

それは何かというと、**自分で決めさせることによって、お子さんは「一人の人間として尊重されている感じ」がもてることです。**

「一人の人間として尊重されている感じ」がもてることはとても重要です。

なぜでしょうか？

それは、前述したように**「認められている」と感じることが自信や、やる気につながるからです。**

特に思春期のお子さんは一人前の人間として認められたいという欲求が非常に強いので、**「一人の人間として尊重されている感じ」**がもてることはとても嬉しいことです。

実際には、まだまだ考え方が未熟だったり、すぐに不安になってしまったり、**自分一人では生きていけない部分がたくさんありますが、心の中では、一人前でいたくてしょうがないのが思春期の子ですからね。**

そんな一人前でいたい思春期の子に「あれやりなさい」「これやりなさい」「だから、これにしなさいと言っているでしょ!」と親がいつも〝指示〟や〝命令〟をしていると、「オレはあんたのために生きているんじゃないんだよ!」「私だってもう子どもじゃないんだから!」と不満たっぷりになってしまうでしょう。

たとえあなたの言っていることが正しくても「〝言われたこと〟はやりたくない」という状態にさせてしまいます。

ちなみに不満たっぷりで過ごしているとどうなりますか?

お子さんはますますイライラして頑張ろうとする気にならないし、気分を落ち着かせるためにマンガやスマホに一直線なんてこともあるでしょう。

おまけにふくれっつらで態度が悪く、口答えばかりしてきて、こっちもイライラしちゃいますね！

もう自分である程度のことは考えられる年頃です。

**「〜しなさい」は少し減らし、「〜はどうする？」と聞いてあげて自分で決めさせる場面を増やしていきましょう。**

思春期になったら〝言葉がけ〟よりも〝問いかけ〟です。

具体的な〝問いかけ〟の例は後ほど紹介しますので、できそうなものからトライしてみてください。

# 5

## 簡単「やる気引き出し」テクニック①

# 〝理解し共感〟してあげよう

※注意！　いきなりこの章から読まないでくださいね。第一章でもお伝えしたように小手先のテクニックだけでは伝わりません。その前に大切なことを理解してから、これらのテクニックを活用することで効果は何倍にも変わります！

# 〝理解と共感〟の具体的方法

この章では、四章で述べました〝3つの秘訣〟のうち①「理解と共感」の具体的テクニックをご紹介します。

いろいろな方法はありますが、誰でもできる簡単な方法を選びました。シンプルで簡単なものばかりですが、とても効果的です。

教育の専門家やコーチングのプロが知っているような難しい技術・知識なんてなくても、まずは簡単なことだけで十分です。

大切なのは、それをやってみるかどうかです。

理解と共感をしてあげることはお子さんに大きな力を与えます。時には、どんなに素晴らしい言葉よりも大きな力となって、お子さんを前向きにしてくれます。

あなたがその力を知った時、お子さんは大きく変わるでしょう！

では、さっそく具体的にどんな方法があるかみていきましょう。

## 子どもの好きなことをちょっとだけ調べてみる

これはとっても強力です！
お子さんとの関係も良くなって笑顔で会話できるようになるし、お子さんが「よーし！　やるぞ！」とやる気にもなります。
私も教師時代にこのことを活用し始めたら随分と関係性が変わったし、子どもたちも頑張るようになりました。
でも、むしろ、このことをおろそかにしてケンカになったり、逆にやる気を削いでいたりすることも多いなぁと思うんですよね。

ちなみに、これはお子さんとのことだけでなく、夫婦関係や友達関係、会社での関係でも役立ちます。

**「子どもの好きなことをちょっとだけ調べてみる」**

え？　それが子どものやる気に関係あるの⁉
そう思った方もいるでしょう。
実はこれ、大いに関係があるのです！

なぜかを説明しますね。
これは子どもに限ったことではなくて、私たち大人も含めてみんなに言えることなのですが、人は「あ！　自分といっしょだ！」と感じると嬉しくなったり、その人を好きになったりするということが心理学の世界で言われているのです。
「なんだか良いな」と〝無意識〟に感じます。

振り返ってみれば、あなたにもそんなことってありませんか？

初めて会ったママ友が、同じブランドのバッグを持っていたら「きゃー！　いっしょだね！」とか言って一気に距離が縮まったり。

同じドラマを見ていて「主人公の○○くんのあの言葉にウルっときちゃった！」「そうだよね！」などと同じ話題で盛り上がっている時って、なぜか仲間意識が芽生えたり。

そして、そういう時って気持ちがすごく盛り上がって、仲間と別れてからも何だか力が湧いてきて「よし！　頑張ろう！」と前向きな気持ちになることもありませんか？

**要するに、自分が大切にしていることや大好きなことをいっしょに共有できると、「(この人なんか良いなぁ)」と無意識に感じたり、とても気持ちが高まるんですよね。**

**そして、気持ちが高まると力が湧いてくるのです！**

これは思春期の子も同じなのです。

自分が大切にしていることや大好きなことを親といっしょに共有できたり、親がそのことを大切にしてくれると、（言葉で表現するかは別として）**とても親と過ごす時間が楽しくなったり、すごく気持ちが良くなるから何かを頑張ろうとする力も湧いてきたりするものなのです！**


実際に、こんなことがありました。

これは教師を辞めてからのことですが、あるお母さんから連絡をいただきました。

そのお母さん、とても悩んでいました。

「娘が、勝手に学校を休んでいたんです。その後も、行きなさいと言ってもなかなか行かないんです。何もかも全然やる気がないみたいで、私が何を言っても聞いてくれなくて、どうしたら良いか本当に困っています」

高校三年生の娘さんがこんな感じだったら、確かに心配になりますよね。

娘さんのことを思うからこそ。

さぁ、一体どうしましょうか？

先に結果からお伝えすると、この子はとても元気に毎日学校に行くようになりました。

さらに、親子関係も劇的に良くなって笑顔がたえなくなったそうです。

今でもとても感謝してくれていますが、毎日楽しそうなその子の様子やお母さんの幸せそうな話を聞いて、私も本当に嬉しかったです！

（ちなみに、学校へ行くことが良いことかどうかという話は、ここでは割愛させていただきます）

さて、実は、この時に私を助けてくれたものがあるのです。

これがなければ、私はこの子やご家族にここまで良き影響を及ぼせなかったと思っています。

何だと思いますか？

それは、『進撃の巨人』というアニメです。

あなたはこのアニメをご存知でしょうか？
街に攻めてくる巨人を倒していくようなちょっと残酷なアニメだったりするので
すが、実は、その女の子、この『進撃の巨人』というアニメが大好きだったのです。
最初に会った時に『進撃の巨人』のクッションをもっていたので、それについて
触れてみたらとても楽しそうに話してくれました。

私はあまり詳しくは知らなかったので、Ｎｅｔｆｌｉｘ（インターネットを使って
ＴＶ番組や映画などを見られるサービス）で『進撃の巨人』を数話見てみました。
そして、次にその子と話をする際、一番最初にこの話をしたのです。
「『進撃の巨人』見たよ！　主人公のエレンのあの言葉、メチャかっこいいね！」
なんて話すともう表情が一気に明るくなって、とても高いトーンで「そうなんです
よ!!!　私もあのシーン大好きで!!!　それから……」とまるで人が変わったかのよう

に次から次へと本当に楽しそうに話をしてくれました。

そんな会話をしながら笑顔とパワーがみなぎっている彼女に「そういえば、学校どうする？」と尋ねると、

「毎日行けるかはわからないけど、ちょっと行ってみたいと思います！」と元気に自分から前向きな宣言をしてくれたのです。

その後も、毎回、一番最初に話すのは『進撃の巨人』。

その度に、彼女は楽しそうに話をしてくれました。

そんなことを何度も何度も重ねていくうちに、だんだんと彼女の活力は高まっていきました。

さらに、そんな私とのやりとりを聞いたお母さんは、それまで「アニメなんかじゃなくてもっと大切なことがあるでしょ!!」という感じで方向を〝正そう〟と必死だったのですが、「ちょっと娘が大切にしていることも、話くらいは聞いてみよう

かな」とアニメの話を聞いたり、自分で少し調べたりして、アニメのことを親子の会話の中に話題として出すようにしていったそうです。

お母さんがそのような姿勢を取るようになると、親子関係は激変し、いろいろなことを笑顔で話し合うようになりましたし、ますます娘さんは活力を取り戻し、様々なことに「頑張ろう！」と意欲的に取り組むようになっていきました。

数カ月後には、ほとんど休まずに学校へ行くようになりました。

ここで大切なことは、『進撃の巨人』が私や彼女のお母さんにとって好きかどうかは関係なくて、**彼女にとって大好きで大切にしている世界をいっしょに共有したことです。**

そして、何より、**お母さん自身が少しでも娘さんが大切にしている世界について知ろうとしたことです。**

それがあったからこそ、娘さんは気持ちがとても楽になっただろうし、前向きに頑張ろうとする活力も湧いてきたのですよね。

このようにあなたが〝お子さんが大切にしていること、大好きなこと〟をちょっとだけで良いので調べていっしょに話したり、その世界を共有できると、お子さんとの関係が大きく変わったり、結果的にお子さんのやる気や自信につながったりするものです。

逆に、お子さんが大切にしていることや大好きなことバカにすると、大きな溝ができたり、やる気を奪ってしまうかもしれませんよ。

だって、大人の世界でもフィギュアスケート界のスーパースター羽生結弦選手を追っかけまくっている女性に「バカじゃないの！　そんなことより仕事しろよ！」と言ったら命の危険を感じるかもしれないくらい大反感の嵐に合うかもしれませんよね。

ちなみに、私も女子中学生とうまく会話ができるように『VS嵐』というテレビ番組をちょっとだけ見て話題にしてみたり、ある男子生徒には「スニーカー」について話題にしてみたりしました。

いずれも、その時の私にとってはそれほど興味はないことでしたが。それらを話題にすることでとても距離が縮まりましたし、ニコニコしながら前向きに頑張ろうとする姿勢が作られていきました。

「子どもの好きなことをちょっとだけ調べてみる」

ぜひ、やってみてください!!

## 「へー」「なるほど」「それってどういうこと?」が子どもを元気にさせる!

前述したように、子どもは「自分の世界を理解してもらえた!」と感じると元気

が出ます。

では、普段からできることはどんなことでしょうか？

結論から言うと

**「へー」**

**「なるほど」**

**「それってどういうこと？」**

**が大きな力を発揮します。**

とてもシンプルですが、この三つの言葉はお子さんに「自分の世界を理解してもらえた！」と感じさせ、元気にさせる魔法のような言葉です。

なぜかを説明します。

「へー」「なるほど」の二つは、お子さんの話に共感する言葉ですよね。

この言葉をかけてもらうだけでお子さんは「共感してくれた！」と感じます。

さらに、「それってどういうこと?」と聞いてあげることによってお子さんは「お母さん（お父さん）もこのことに興味をもってくれている!」と思い、同じ世界を共有できたことに嬉しい気持ちになります。

念のためお伝えすると、ここでの「それってどういうこと?」は、さらに詳しいことを聞くことが目的ではなく、お子さんが「お母さん（お父さん）も興味をもってくれている!」と感じさせるようにすることです。

これらによってお子さんは「自分の世界をわかってもらえた!」「自分の世界に興味をもってもらえた!」と感じ、理解や共感してもらえたことにとても嬉しくなるものです。

そして、前述したように、理解や共感をしてもらえたと感じると、嬉しくなるし、活力も湧いてくるわけです。

この「**へー**」「**なるほど**」「**それってどういうこと?**」の三つはシンプルかつ強力

なので、ぜひ、活用してみてください。

もちろん、声のトーンが低く、そっぽを向きながら、まったく興味がなさそうな態度でこの三つの言葉を使っても意味がないので、少しで良いから本当に興味をもった雰囲気で聞いてあげてくださいね！

## 思春期女子にはとにかくうなずく！

思春期の女の子の話は、とにかく聞きましょう！

うなずいて、うなずいて、ついつい話したくなっても、やっぱりうなずいて聞きましょう！

女の子は、話せば話すほど、心が落ち着き、解決策も見えてきて、「よし！　頑張ろう！」となりやすいものです。

実は一般的に男女には様々な違いがあると言われています。

「男と女は別の生き物だ」と言われることもありますが、あの言葉はあながちウソじゃなくて、一般的に男性と女性では脳の作りも少し違っているのです。

ところで「解決の仕方」にも男女の違いがあることをご存知でしたか？

あの世界的ベストセラー『ベスト・パートナーになるために』（三笠書房）の著者ジョン・グレイ博士によると、男性は殻に閉じこもって解決しようとする傾向があるそうです。

一度周りをシャットアウトして自分の世界に入りたがるのですよね。だから、考えている時にいろいろ話しかけると「うるさいなぁ！　ちょっと静かにして！」と怒られちゃう時もありますよね！

それに対して女性はどうか？

女性は話しながら解決していこうとする傾向があるそうです。

ああでもないこうでもないと自分で〝話をしながら〟どんどん頭の中が整理され

たり気持ちが落ち着いていくわけですよね！

思春期女子も同じで、いや、むしろ毎日がアトラクションのように、いろいろなことが起こる思春期女子だからこそ、**自分からどんどん話をさせてあげることで頭の中が整理されたり、気持ちが落ち着いていく**わけです。

そして、頭の中が整理されたり気持ちが落ち着くからこそ、「よし！　頑張ろう！」となるのです。

だから思春期女子には、うなずいて、うなずいて、ついつい話したくなってもやっぱりうなずいて、じっくりと聞いてあげることがものすごく子どものためになるのです。

「頑張れ！」と励ますことよりも、うなずいて聞いてあげることの方が、圧倒的にやる気や自信を生み出してあげられると思います。

教師時代の私は、このことを知らずにずいぶんと苦労しました。

たとえばこんなことがありました。

中学校教師をしていますと、授業がすべて終わって教室で「さようなら」のあいさつが終わった後、そのまま教室で仕事をすることがあります。ノート点検や丸つけ、学習プリントの処理等を行うためです。

そうして教室で仕事をしていると、たまに女子生徒が「先生、聞いてくださいよー」などと言いながら入ってきます。

「どうしたんだ?」

「もー、ホント、あの子ムカつくんだから！　だってさ、……」と怒りながら話し出すわけです。

それに対して私は「この子のために」という思いで、一生懸命考えながら「そうか、じゃあさ、あの子にはこうやって言ってあげて、キミはこうしていくと良いよ」と解決策を言ってあげるのです。

すると、どうなるか?

思春期の女の子には「解決策」はいらないのです

女子生徒はふてくされたような表情で「はい、わかりました！（怒）」と言い放ち、扉をバンッと閉めて出ていきます。

「えー！　なんで怒ってるの!?　こっちは一生懸命考えてあげたのに！　意味がわからん！」

と、とても困惑しました。

そのようなことがしょっちゅうありました。

あなたはなぜ、この女子生徒がふてくされてしまったのかわかりますか？

多くの女性はわかるかと思います。

そう、その女子生徒がして欲しかったのは**「ただ聞いてくれて、ただ共感してくれるこ**

と」だったのです。

解決策はいらなかったのです。

一般的に男性は解決策を求める傾向が強いのに対し、女性は共感を求める傾向が強いと言われています。

そのようないわゆる女心を知らなかった私は、一生懸命考えてはあげていたものの、解決策を熱心に伝えようとして完全に空回りしていたのですね。

男女の違いを学び始めて、はじめて私の〝過ち〟に気がつきました。

気がついてからは、先述したような状況に出くわした場合、「へー」「なるほど」「それで今、イライラしているんだね」などと言いながら、できる限りしっかり話を聞くようにしました。

そうすると、女子生徒は「そうなんですよ。でもね、私もこういうところがいけなかったんだと思うんです。だから、あの子にこうやって言ってあげたいと思います！」

と、勝手に解決していきました。

そして、「先生、ありがとうございました！」ととてもスッキリした表情で軽やかに教室を出ていきます。

私は内心「何もしてないけど……」と思っていますが。

ということで、思春期の女の子には、ぜひ、話したくなる気持ちをちょっと抑えて、うなずきながら聞いてあげてください。

私もついつい話したくなるのを抑えられるように、日々修行をしています。

## 失敗談を話す



**時には、あなたの失敗談を話してあげるとお子さんは元気になります。**

なぜかというと、思春期のお子さんはいつも不安を抱えているからです。

そして、時としてあなたの失敗談が、その不安を癒し、元気や勇気を与えるからです。

あなたのお子さんは、心の奥底では何かで良い結果を出したかったり、あなたに喜んでもらえるようなことをしたいと思っています。きっと自分なりに頑張ろうとしていることもあると思います。

しかし、自分なりに頑張ってはいても、思ったようにうまくいかないことばかり。

理想と現実のギャップに押しつぶされそうになることもあるでしょう。

「いつも失敗ばかりして、私はダメな人間なんじゃないか」

「あの子に比べて、自分には能力がないんじゃないか」
そうした不安が頭の中をぐるぐると回り、自信をなくし、やる気を失ってしまうこともあるはずです。

そんな時に聞くお母さんやお父さんの失敗談というのは、感動的な映画や音楽に負けないくらいの素敵なお話に変わります。不安を癒し、心を軽くしてくれる、本当に素敵な温かい気持ちにしてくれるお話になります。

**あなたの〝失敗〟という経験が、お子さんに癒しや勇気を与える素敵なお話に変わる瞬間です!**

「中学三年生の二学期のテストでアホみたいなミスしちゃったんだよ。毎日寝不足になりながら一生懸命勉強したのに、記号問題を記号で書かずに一〇問くらい全部バツだよ! 受験に向けて成績あげなくちゃいけない時でしょ? おばあちゃんからはバカじゃないの! って怒られるし。今は笑って話せるけど、その時は本当に落ち込んだなぁ」

そんな話を聞くと、お子さんも「あぁ、お母さんだってそんな失敗したことあるんだ。私だけじゃないんだな」と安心するでしょう。そして、心を切り替えて、「もう一回頑張ってみよう！」という意欲がわくかもしれません。

また、「そう言えばママね、中学の時に好きな男の子にフラれちゃってさ。もう学校なんて行きたくないなんて思ったこともあったなぁ」恋愛に人生をかけているような女の子にはそんな話もたまには良いかもしれませんね！

恋愛話なんて話さない！　という家庭も多いのですが、もしお互いに話せる間柄だったら、恋愛の失敗談を話してみるのも良いと思います。思春期の子は大人が思っている以上に、恋の失敗はグサッときますから！

ちなみに私は教師としても父親としても、よく話をしていることがあります。

それは、本書の「はじめに」に書いた「スポーツ一家に生まれながら唯一活躍できなかった」話です。

父も母も妹も弟も、祖父、祖母までも全国大会へ行くのが当たり前。

そんな一家にいながら、唯一活躍できなかったのが私でした。

自主練習をしたり自分なりに頑張ってはいましたが、中学校でも高校でもなんとか県大会へ出場するのがやっとでした。自分なりに記録を伸ばしましたし、県大会へ出場するだけでも頑張っている方かもしれません。しかし、全国大会出場が当たり前の木村家で過ごしている私の中では、全くと言って良いほど納得できるような結果ではありませんでした。

保育園児の頃から「木村さんのところの息子」と言われ、小学校や中学校でも常に親や妹と比べられてきました。そんなプレッシャーがかかりながらも、両親や妹や弟と比べて納得がいくような成果を出せない自分に、いつも劣等感を感じていました。

「なんでこんな家に生まれてしまったんだ……」

あなたの〝失敗〟という経験がすてきなお話に変わります

「オレなんてどうせダメなヤツだよ……」
心の中はいつも劣等感でいっぱいでした。

しかし、今、そういう経験があるからこうして多くの人に共感してもらえ、話を聞いてもらえているんだということを生徒や我が子に話します。

そうすると、生徒も我が子も目を輝かせます。生徒の中には涙する子もいました。

「なんだ、先生だってそうなんだ！　自分もうまくいかないことがあるけど、やっていけるのかもしれない！」

「うまくいかないことがあったって大丈夫！　だから、好きなことに思いっきり挑戦しよう！」

そんな反応が見られた時、私自身もとても温かく嬉しい気持ちになります。
今では、家族で唯一活躍できなかったことが宝物のようにも思えてくるのです。多くの人に希望を与えられるように、神様がわざと与えてくれた経験だったのかもしれないとさえ、思うこともあるのです。

**一つ言えることは、成功談を語る時より、失敗談を語る時の方が子どもたちは圧倒的に目を輝かせるということです。**

だから、ぜひ、たまには失敗談を話してあげてください。
あなたの〝失敗〟という経験が、お子さんに癒しや勇気を与える素敵なお話に変わる瞬間が訪れたら嬉しいですね！

## 「なるほどね」と、いったん認めてから「お母さんの意見を言っていい？」で子どもの聞く姿勢は激変する

あなたはお子さんと言い合いになったことはありませんか？
こちらからすれば、明らかに子どもの方が悪いのに。
ここでは、子どもの聞く姿勢を大きく変える二つの言葉をお伝えしたいと思います。それが、

**「なるほどね」＋「お母さん（お父さん）の意見を言っていい？」**

です。
なぜこの二つの言葉がお子さんの聞く姿勢を大きく変えるのでしょうか？
これには二つの理由があります。
一つ目の「なるほどね」。これが「あなたの言いたいことを、いったん受け止め

たよ」というサインになります。

人は「自分の話をわかってもらえていない！」と感じると、相手がどんなに正論を言っても受け入れる気にならないのです。

「オレの方がよく知っているんだから！」「私には私の考えがあるの！」なんて思っている思春期の子なんてなおさらです。

逆に、「自分の話をわかってもらえた」と感じると、バリアがスーッと消えていくかのように相手の話も聞こうという姿勢に変わります。

ですので、**「あなたの言いたいことをいったん受け止めたよ」というサインを送ることがとても大切です。**

さらに二つ目の「お母さん（お父さん）の意見を言ってもいい？」

このフレーズはとても強力です。

「なるほどね」と話を受け止めたよというサインを送った後に「言ってもいい？」と言われると、「うん」とか「まぁ」とか、最低でも「は？　なに？」と言われるくらいで収まることがほとんどです。

「ヤダ！」とか「ダメ！」と言われることは少ないです（試してみてください）。

そして、「お母さんの意見を言ってもいい？」と聞かれた時に、一度「うん」とうなずいたり了承した態度を見せると、心理的にお母さんの話も聞かなきゃという姿勢になるのです。

つまり、あなたの話を受け入れてもらいやすくなるのです！

ただ、お子さんの話をしっかりと聞いてもいないのに、いきなり「お母さんの意見を言ってもいい？」と言ってもあまり効果はないです。

あえて言うなら、

**「なるほどね」＋「お母さんの意見を言っていい？」＋子どもの話もちゃんと聞いてあげようとする姿勢が、お子さんの聞く姿勢を激変させると言えるでしょう！**

ぜひ、聞く姿勢とともにこのフレーズを試してみてください！

# 6

## 簡単「やる気引き出し」テクニック②

# 〝存在感〟を感じられるようになると、よりいっそう頑張る

## 6章

「存在感を感じさせる」なんて、難しそうだなぁと思いませんか？

大丈夫です。
本当にちょっとしたことでも、お子さんに〝存在感〟を与えることはできますよ。

では、具体的にどんな方法があるか、みていきましょう。

## 子どもの写真を飾る

ぜひ、お子さんが写っている写真を飾ってあげてください。

**実は、自分が写っている写真があるだけで無意識に「あぁ、ここの一員なんだな」と〝存在感〟を感じます。**
「え？　たかが写真で⁉」と思うかもしれません。

でも、あなたが中学校や高校に通っていた時を思い出してください。

学校の廊下に貼られる林間学校や修学旅行、体育祭などの多くの写真を見て、一番最初に探そうとしたのは誰の姿でしょう？


友達？

好きな異性の子？

いいえ。ほとんどの方は〝自分〟の姿だったと思います。


実際に、私が中学教師だった頃、写真が飾られた壁の前でたむろする生徒たちの様子をみると、明らかに自分を探しています。たかが写真でも、本当に細かいところまで一生懸命チェックしています。それくらい、自分のことが気になっています。


大人になった今でもそうでしょう。

友人の結婚式で集合写真を撮った時、その写真の中で一番最初に確認するのは誰の写り具合ですか？

ほとんどの人は、自分を一番最初にチェックしますよね！　主役はあなたではなく、友人なのに！

たかが写真でも、これくらい自分の存在が気になるものです。

逆に言えば、自分が写っている写真は、とても自分の〝存在〟を感じやすいものになります。

**写真は〝存在感〟を感じさせる上で大きな力を発揮します。**

私も教師時代には、学級の生徒たちが写った写真を教室の掲示物として貼っていました。体育祭でバトンをパスしているところや修学旅行での宿舎の様子など行事があるたびに写真をたくさん撮り、教室の後ろや横などに貼っていました。

必ず全員がいずれかの写真に写っているようにしました。

そうすると、一人一人の生徒が「自分もこのクラスの一員なんだな」と感じやすいからです。

ちなみに、今だから言えますが、親があまり家にいなかったり愛情不足を感じるような生徒は、意図して多くの写真に写っているように掲示物を作成していました。普段、家庭や日常生活では〝存在感〟を感じにくい分、学級で〝存在感〟を感じられるように考えてのことです。

同じようにあなたのお子さんも自分の写真が飾られていると、無意識に「あぁ、この家族の一員なんだな」と〝存在感〟を感じるはずです。

**中でも特におすすめなのは、〝笑顔の写真〟です。**

笑顔の写真は空間を明るくしてくれます。

思春期の子はなかなか笑顔で写真に写ってくれないかもしれませんが、小さな頃の写真でも良いので〝笑顔の写真〟が飾ってあると良いと思います。

「先生！　ちょっと待ってください！　うちの子、写真に写ったり飾られるのをすごく嫌がるんです！」

そんな声も聞こえてきそうです。

確かに、リビングや応接室など人目にさらされるような場に写真を飾る際、もしかしたらお子さんから「飾らないで！」と言われるかもしれません。

その場合は、人目につかない部屋だけでも大丈夫ですし、どうしても嫌だと言われる場合は親の寝室や車の中、あなたのスマホの待ち受け画面だけでも良いので飾ってあげてください。

そうすると、口には出さないものの「お母さん（お父さん）、自分のことを大切にしてくれているんだな」と心の中で嬉しい気持ちになります。

## 「ありがとう」は最高の褒め言葉

できれば一日一回、最低でも週に一回は「ありがとう」と伝えられると良いですね！

実は、「ありがとう」という言葉は一番スッと伝わる最高の誉め言葉なのです。

**「ありがとう」と言われると、人の役に立てた嬉しさを味わえます。**
**「ありがとう」と言われると、自分のことを認めてくれたように感じます。**
**「ありがとう」と言われると、自分のことが好きになります。**

だから、普段から「ありがとう」と言われている子は、自己肯定感が高まるし、心が安定するし、自信もつくし、幸せな気持ちで過ごせるし、人のためにもっと頑張ろうとするし、本当に良いことづくしです。

それに、思春期の子に「すごいね！」とか「頑張ったね！」という言葉を投げかけても「は？　何が？」となぜか反発されるかのように言われることもありますが、「ありがとう」だと思春期の子も反発しようがないですよね。

**「ありがとう」は親も子もとても幸せにする言葉です。**

ぜひ、小さなことでも良いのであなたの方から積極的に「ありがとう」と伝えてあげてください。

きっとお子さんだけでなくあなたも良い気分になりますよ。

## 思春期男子には「えらいね！」より「さすがだね！」

思春期の男の子に「えらいね！」と言うと、なぜか「は？　うるせーな」と言わ

れたりしませんか？

褒めているはずなのに、なぜか不機嫌になるのです。

こっちが「は？」って感じですよね。

これってなぜだかわかりますか？

特に女性であるお母さんが、この理由がわかったら本当に素晴らしいと思います！

男性を手の平の上で転がせるかも⁉　冗談です。

実は、思春期の男の子も含め、一般的に男性は「プライドの生き物」と言われることもあるくらいプライドを大切にしています。もちろん、本人は「オレはプライドが高いぜ」なんて意識はしていません。無意識です。

これは男女の違いを研究している人たちの多くが言っていることです。

さて、プライドを大切にしていることと先ほどの「えらいね！」の話と、どうつながってくるのでしょうか？

わかりますか？


解説させていただきますね。

「えらいね！」という言葉のニュアンスはどんな感じでしょうか？

なんだかいろいろなことを知っている人がまだ未熟な人に対して頑張ったね！と、上から伝えているような感じの印象を与えることがありますよね。

そうすると、プライドを大切にしている思春期男子はどう思うかというと、たとえ褒めようとして言った「えらいね！」でも「あなたより下じゃねーし」という心理が働くわけです。

だから、「えらいね！」という言葉が心理的に受け付けなかったりするのですよね。


では、どうすれば良いと思いますか？

私が多くの男子生徒と関わる中で「この言葉はすごく良いな」と思ったものがあります。これは、多くのお母さんや女性教師の皆さんにもたいへん好評です。

**それが「さすがだね!」という言葉です。**

「さすがだね!」という言葉には、「いつもやれているけど今回もやっぱりちゃんとやれているよね」というようなニュアンスがありますよね。つまり、「普段から認めているよ」という印象を与えるわけです。

これがプライドが高い思春期男子の心をつかむわけです!

ということで、どうせ褒めるなら「えらいね!」より「さすがだね!」という言葉を選んでみることをおすすめします。

ちなみに、大人の男性にも「さすがだね!」は効果的だと思うので、女性の方は今度旦那さんや上司の方に使ってみてください。「え? あ、ありがとう。他に何かやることある?」なんていうふうに上機嫌でお願い事を聞いてくれるかもしれませんよ。

# 「相談なんだけど……」と子どもに相談してみる

あなたはお子さんに相談したことはありますか？

実は、**たまの〝相談〟はお子さんを生き生きとさせます。知ってましたか？**

「え？　私が子どもに相談するんですか？」

そうです。あなたの方から相談してみてください。

なぜ、それがお子さんを生き生きとさせるのでしょう？

思春期のお子さんは、自分のことを一人前として見てほしいという気持ちがとても強いです。

**そんな一人前として見てほしいお子さんにとって、親からの相談は、一人前として見てくれている証拠のように感じます。**

さらに、親の相談に乗ってあげて、親の問題が解決したり気持ちが楽になったと親が喜んでくれたら、**「大人の役に立ったぜ！」「私の意見がお母さんや家族に影響を及ぼしている！」**と、強く〝存在感〟を感じられるのです！

するとと、**その〝存在感〟が自己肯定感や自信に変わり、様々なことに挑戦しようとするわけです。**一見関係なさそうなことですが、このようにつながってくるのです。

面白いですよね。

さらに言えば、これは私たち大人もそうですが、相談しに来てくれた人には、なぜかこちらも心を開いて話をしようという雰囲気になりませんか？

また、なぜかその人の言うことを素直に聞こうという気にもなりやすいですよね。

お子さんも同じで、たまに親から相談されると、なんだか親近感が湧いたりして自分の話を始めたり、親の言うことをもっと聞いてみようという態度になったりすることもあると思います。

ですので、たまには親であるあなたの方から相談してみるのも意外と良いと思います。

実は、私自身、この相談することの力をみくびっていました。というよりも以前の私は、変なプライドばかり高くてできませんでした。

しかし、何かの拍子に、たまたま私の方から生徒に相談してみると、驚くほど心の距離が縮まりましたし、生徒の表情もとても明るくなって意欲的に動いてくれたりもしました。

それからというもの、スポーツ祭の時に「リレーの順番どうしたら良いと思う?」と相談してみたり、文化祭の時に「このダンボール、何色で塗ると良いかなぁ」と相談してみたり、ことあるごとに生徒の方に相談していました。

考えてみれば、私自身も先輩教師から「これ、どうしたら良いと思う?」と聞かれると、なんだか頼りにしてくれたみたいで、すごく嬉しかったなぁと思います。その先輩教師のことを以前より好きになったりもしましたしね。

ちなみに経営の神様と呼ばれる松下電器創業者の松下幸之助さんは、幹部だけでなくビルの清掃担当にも「どうしたら良いと思う？」と尋ねていたそうです。

やはり相談することの力は偉大です。

そして、私みたいに変なプライドのせいで人に相談できないやつよりも、人に相談できる人間の方が多くの人に慕われ、多くの人の心を動かすことができる偉大な人間になっていくのだろうなと思わされることがしばしばあります。

ということで、ぜひ、一度試してみてはいかがでしょうか？

たとえば、

「朝、全然起きれないんだけど、どうしたら良いと思う？」

「最近、疲れやすいんだけど、なんか良い方法知らない？」

「今度、会社で新しいプロジェクトを進めるんだけど、若者が乗ってくるような良いアイディアないかな？」

など、相談内容は何でも良いと思います。

ここでは、相談して答えをもらうことが目的ではないですから、話しやすい内容で十分です。


もちろん、毎日毎日相談していたらあまりにも頼りない印象を与えてしまうかもしれませんし、うっとうしく思われるので毎日はやめた方が良いでしょう。

でも、たまには、親であるあなたからちょっとした相談をすることは、あなたにとってもお子さんにとっても、意外と良い機会になると思います。

ぜひ、たまには相談してみてください。もしかしたら、あなたが相談したはずなのに、あなたのお子さんの方が笑顔になって生き生きと「ちょっと私も頑張ってみようかな」と言いだすかも⁉

## 月に一回簡単な頼みごと＋「助かったぁ」

できそうだったら、トライしてみてください。
この二つのセットは、あなたのお子さんに〝存在感〟と喜びを与え、成長もさせます。
それは、

**簡単な頼みごと＋「助かったぁ」**

というセットです。

「え？　なんで頼みごとで喜ぶの？」

そう思った方もいるでしょう。

これについて解説させてください。

実は、普段自分のことしか考えていないように見える思春期の子でも、多少なりとも、人の役に立つような人間になりたいと心の奥底では思っています。

そして、「あれ？　オレ、なんか役に立ったんじゃね？」と思えると、「なんだか、ここの一員として役に立ってる」と〝存在感〟や喜びを感じるんですよね。

でも、正直、めんどくさいし、大変そうだし、親の言うことなんて聞きたくないし……、そんな思いがあって、自分から率先して役立とうと行動する子はあまりいないでしょう。

だからこそ、あえて誰でもすぐにやれるような「簡単な頼みごと」にするのです。

たとえば、

- **電気つけてくれる？**
- **お母さんの箸とってくれる？**
- **テレビ消してくれる？**

というような、本当に簡単でサッとできることからでけっこうです。

そして、それをやってくれたら、なんて言うんでしたっけ？

**「助かったぁ」ですね！**

保育園児じゃないんだから！　と思われる方もいると思いますが、どんなに簡単なことでもこうして何かをやって、それによって「助かったぁ」と言われると〝人の役に立った感〟を味わえます。

**〝人の役に立った感〟を味わうことは、〝存在感〟や喜びにつながります。**そして、それが「もっと頑張ってみようかな」を引き出したりするのです。

もし様子を見ていて、もう少しレベルアップした頼みごとができるようだったら、こんなことも頼めるかもしれません。

・食器並べてくれる？

・お風呂洗ってくれる？
・新聞取ってきてくれる？

こんな頼みごとができたら、普段家事をやっている方からすればとても嬉しいですね。それこそ、本当に「助かったぁ」と言いたくなりますね。

「え!!　でも頼みごとなんてしたことがないし！」とか「うちの子はそんなことやってくれないと思う！」という場合は、年度始めかお正月くらいにトライしてみることをおすすめします。なぜなら、こうした新しいことが始まる時というのは、どんな子も少し頑張ってみようかなと思いやすい時期ですから。

私も教師時代には、四月にこの〝頼みごと＋「助かったぁ」〟をよく使っていました。新しい学年が始まる時というのは、どんな子も「今年度は頑張るぞ！」と思っているので、頼みごとも聞いてもらいやすいからです。

「いっしょにこのプリント配ってくれない？」
「ちょっとこのノートの束を職員室に持っていってもらえないかな？」

そんな感じで頼みごとをしていました。

先ほどの、写真を「教室に飾る」と同じように、新しい学年が始まる際には、一人一人の指導記録や家庭環境などを見て、気になる生徒には特にこの方法を行っていました。

ねらいは頼みごとをすること自体ではなく、そのあとに「助かったぁ」と言ったり、その様子を学級通信に載せたりして〝存在感〟を与えることです。

この方法を使うと、それまであまり褒められたことがない生徒ほどとても嬉しそうにし、「これ、やってくれる人いないかな?」と聞くとサッと自分から手を挙げるようになることもよくありました。もちろん、私との関係もますます良くなっていきました。

ちなみに、もしかしたら「うちの子は、こちらから頼まなくてもいろいろお手伝いしてくれますよ」というご家庭もあるかもしれません。

それは本当に素晴らしい‼　と感心します。私なんて全然手伝いをした覚えがないですから。

そして、過去の経験上、自分から率先して手伝いをするような子はすでに自分から勉強や部活動などに頑張ろうとしているのではないかと思います。

素晴らしい‼

# 7

## 簡単「やる気引き出し」テクニック③

# 思春期になったら〝自分で〟決めさせよう

## 7章

## 〝自分で決めさせる〟の具体的方法

思春期のお子さんには「自分で決めさせる」場面をできるだけ多く作ることを意識するようにしましょう。

その方がやる気も出るし、責任感も生まれるし、考える力もつきますからね！

「でも、どうすれば自分で決めさせられるのだろう？」

そんな疑問に具体的な方法をお伝えします。

実は、これから紹介するものの中には〝コーチング〟の手法として広まっているものもあります。

私はビジネスコーチとしても活動しており、親御さんや教育関係者だけでなく、経営者やセールスマンの方たちのサポートもさせていただいております。

今回はそういった場で活用しているコーチングの技法も子どもの教育に応用する

形でいくつかお伝えしたいと思います。

私自身、教師時代からこの手法を知っていたら、もっとやる気を引き出せたのになと思うものもあります。

では、具体的にどんな方法があるかみていきましょう。

## 「何日までにやろうとしているの?」期限を聞いてあげると、より頑張ろうとする

テストが近くなってくると、こう言います。

「歴史のワーク、やんなくちゃなー」

こういった時にサラッと期限を聞いてあげるだけで、お子さんが実際に勉強する確率が高まります。

たとえば「へー、何日までにやろうとしているの?」というような感じです。

これは何をしているかというと、お子さん自身に〝期限を決めさせている〟のです。

なぜ、期限を決めさせると良いのでしょう？

それは、人間は期限を決めるとその期限までにやろうとする意識が働くからです。

しかも、言われてやるのではなく自分で決めるからこそ、より一層やろうとする意識が働きます。


これは心理学の中で言われている「デッドライン効果」というものを応用しています。

「デッドライン」というのは日本語で「締め切り」という意味です。

要するに人間は「締め切り」があると、それに間に合わせようという意識が働いてやろうとしやすいのです。

逆に締め切りを決めていないと、なんとなく「やった方が良いだろうなぁ」とは思っていても、そのままズルズルと結局やらずに過ぎていきますよね。

私たちもそうじゃないですか？

「英語が話せたらかっこいいな」と思ってオンライン英会話教室に入って毎月料金を払っているのに、いつの間にかやらなくなってしまいます。気がついたら何もやらないまま毎月料金だけは払っているという始末。

そのようなことはありませんか？

これが、たとえば三月一五日にＴＯＥＩＣのテストを受けるとか、二月二八日からアメリカのニューヨークにひとり旅に行くから、その時までに多少話せるようにしておきたい、なんていうように期日が決まっているとどうでしょう？

やはり、実際にオンライン英会話を活用する確率が全然違ってくるわけです。

**このように締め切りがあるからこそ、人はそれに向けて行動しようとします。**

それをうまく応用して「何日までにやろうとしているの？」とか「何時までにやるの？」と本人に決めさせてあげましょう。実際に行動する意欲がグンと違ってきますよ！

ちなみに、ポイントは〝サラッと〟です！
思いっきり力を込めて「あんた！　いつまでにやるの⁉」と聞くと、責められているる気がして逆にやる気を失うこともありますので。

（活用例）
子　　：「あー、歴史のワークやんなくちゃなー」
あなた：「へー、そうなんだ。それ、何日までにやろうとしているの？」
子　　：「うーん。まぁテスト一週間前くらいかな」
あなた：「テスト一週間前かぁ。じゃぁ一七日までだね。頑張ってね！」
子　　：「はーい」

**※ポイントは〝サラッと〟です。**

## 「何点目指しているの？」数値化の魔法

**〝数値化〟は魔法のように効果があります。**

なぜなら、自分の目標がより明確になるからです。そして、目標が明確になればなるほど、やる気が生まれてくるからです。

私が中学教師をしていた頃、学級の生徒たちに目標を書かせることがよくありました。年度始めの四月とか年始めの一月とか、そういった節目に、目標を書かせて掲示物として教室の壁に貼ったりするのです。

その時に面白い傾向があることを発見しました。

「勉強を頑張る!!!」

こんな感じで書く子は、そのうち頑張らなくなります。

「！」マークが三つも五つも書かれているので、その時は気合いが入っているのがよくわかるのですが、残念ながら実際は長続きしないことが多いのです。

それに対し、「中間テストで四五番になる」とか「期末テストで三〇点上げる」というような数値の入った目標を書く子の方が、圧倒的に頑張りが続くことが多いのです。

おもしろいですよね！

だから私も、教師生活後半はあえて質問して目標を明確にさせていくことを意識しました。

こんな感じです。

生徒：(「勉強を頑張る!!!」とプリントに書く)

私　：「お！　良いね!!　気合入っているね！　それで、何番を目指しているの？」

生徒：「えーと、九九番です！」

私　：「おー！　最高順位？」
生徒：「そうです！」
私　：「良いね！　それ、どのテストで狙っているの？」
生徒：「えーと、一〇月の中間テストです！」
私　：「中間テストで狙っているんだね。じゃぁ『一〇月一五日の中間テストで九九番になる！』と書くと良いかもしれないね」

なんていうふうに聞いていきながら数値が出てくるようにしました。

そうすると、自分からそれに向かって頑張ろうとする意欲が続くことが多いのです。

これが数値化の魔法です。

ちなみに、この方法は企業をサポートするコンサルタントも活用していることが多いのです。それほど数値化が大切ですし、効果があるということです。

ぜひ、試してみてくださいね！

## 「もしできたらどんな良いことがあるんだろうね？」できたらどんな良いことがあるかイメージさせる

できたらどんな良いことがあるかイメージさせてあげると、「よし！　オレもやるぜ！」とより高い意欲をもって頑張ろうとします。

なぜかというと、思春期の子はそれが正しいかどうかという理論的なことよりも、「わー、そうなったら最高！」とか「メチャ楽しそうじゃん！」という〝感情〟の方が圧倒的に動く原動力になります。

そして、そんなステキなことに今の努力が繋がっていくんだということがリアルに感じられると、「よーし！　そこに向かってやるぞー！」と俄然やる気になるのです！

逆に言うと、どんなに「頑張りなさい！」と言われても、なんのためにやっているのかわからないことに対しては、やる気は生まれにくいのです。

**だから、今の努力がその先の嬉しい出来事に〝繋がっている〟ことを感じさせてあげると良いのですよね！**

「もしできたらどんな良いことがあるんだろうね？」という問いかけには、そんな力があるのです。

ちなみに、これは右脳の力を活用する方法の一つでもあります。

右脳はイメージなどをつかさどるところなのですが、この右脳のパワーは良くも悪くも非常に強く、イメージしたものに向かって行動に走りやすくさせてしまいます。

ですので、あなたの質問によって良いことをイメージさせて、この右脳の力を良い方に活用させてあげたいですよね。

ということで、もし、あなたのお子さんが「一〇〇番に入れるように勉強を頑張ってみようかな」と言い出したら、「もし、一〇〇番に入ったらどんな良いことがありそう？」と聞いてあげると良いですよ。

「うーん」と考えながら、お子さんの頭の中ではよりイメージが明確になっていき、頑張る原動力が蓄えられていきますから。

（活用例）

子　：（新聞を見ながら）「あいつ、すげーなー」

あなた：「どうしたの？」
子　　：「クラスで一緒の○○がさー、テニスで優勝して新聞に載っているんだよ」
あなた：「へー」
子　　：「なんか、オレもちょっとは部活、頑張ったほうが良いかなぁ？」
あなた：「うーん、もし部活頑張って賞なんかとっちゃったら、どんな良いことがありそう？」
子　　：「そりゃ新聞とか載ったらメチャかっこいいし、青春て感じだよねー。部活頑張っている子たちって、なんか仲間とかメチャいて、すげー充実してますって感じだしさ。オレもそういう思い出とかできるかもなぁ。（あと、女子にモテるかも……）」
あなた：「なるほど。もしあんたが部活頑張りだしたら、周りの子とか先生はなんて思うだろうね？」
子　　：「うーん。周りの子は正直わかんないけど、まぁ先生はたぶんすげー喜んでくれるだろうなぁ。『おー！　やる気になったか！　一緒に頑張ろうな！』とか言って握手なんかしてきそう」

あなた：「あの先生、見た目によらず熱血だしね！」
子　　：「なんか最近つまんないし、そういうのもちょっとはいいかもな。
　　　　よーし！　ちょっとオレも頑張ってみようかな！」

## 「どうしてそんなに頑張れたの？」子供自身に理由を見つけさせると、納得感と次へのやる気アップ！

お子さんがよりいっそう自分から頑張ろうとする声のかけ方があります。

それが
**「どうしてそんなに頑張れたの？」**
という問いかけです。

普段なかなか頑張れない子でも、時々今までよりほんの少し良い結果を出したり努力が続くことがありますよね。
そんな時は「どうしてそんなに頑張れたの？」と聞いてあげてください。
すると、どうなるかというと、
お子さんは「うーん……（なんで頑張れたんだろう……）」と言って考え出します。

実は、このようにして〝頑張れた理由を見つける〟という行為がとても大切なのです！

なぜ大切かというと私たち大人もそうですが、何かでうまくいった時に、意外と自分自身ではなぜうまくいったのかよくわからずに、とりあえず、その〝結果〟に対し「やったー！」と喜んでそのまま過ぎていくということが多いと思います。

これって実はとてももったいないのです。

なぜかというと、うまくいった理由がわかっていないと、次にまた同じ結果を出そうとしてもうまくいかないこともありますし、結局運任せのような感じになってしまいます。そして、結果に対して一喜一憂するだけで、なかなか安定した結果を残せません。だから、いずれ、やる気は下がっていきます。

それに対し、頑張れた理由やうまくいった理由がわかっていると、次もそうしようとなりますよね。

人間はどうすれば望む結果や状態に結びつくのかわかっている時というのは、自然とやる気がわいてくるものです。むしろ、やる気さえなくても〝自然にやってしまえる〟ことだってありますよね。

**だから、うまくいった時こそ「どうしてそんなに頑張れたの?」と聞いてあげて、自分なりの〝頑張れた理由〟を見つけ出させてあげることがとても大切なのです。**

人は聞かれると答えを探し出そうとする習性があります。

すぐに答えは見つからなくても、お子さんは常に「どうして自分は頑張れたんだろう?」と考えるようになり、いずれ自分なりの答えを導きだします。それが次の意欲につながりますし、結果も出やすいでしょう。

さらに、もう一つ「どうしてそんなに頑張れたの？」という問いかけが効果的な理由があります。

なぜ効果的かというと「どうしてそんなに頑張れたの？」という問いかけによってお子さんが「自分の頑張りに興味を持ってくれている！」「自分の頑張りを認めてくれている！」と感じるからです。

そう感じると、お子さんはなんだか気分が良いですし、「よーし！　次もお母さんやお父さんが驚くようなことしちゃうぞ！」と意欲が沸くわけです。

このような理由から「どうしてそんなに頑張れたの？」という問いかけは、お子さんが自分から頑張ろうとする上でとても大きな力を発揮します。

ですので、たとえば、

- テストの点が五点上がった！
- 五〇メートル走で〇・二秒タイムが伸びた！

・体育祭の応援合戦に向けて、毎日練習を続けることができた！

**など、何かしらうまくいった時は、「すごいじゃん！」とか「頑張ったね！」と言ってあげるとともに「どうしてそんなに頑張れたの？」と聞いてあげてください。**

きっと「うーん……」と一生懸命頭の中で振り返りながら、そのうち生き生きと話をしてくれると思いますよ。

そして、「次も頑張ろう！」と自分の中で明るい決心をすることでしょう。

（活用例）

子　　：「はい、テスト」（テストを渡す）

あなた：「おー！　前より五点上がったね！　五教科合計で二三点も上がったね！
　　　　今回、なんでこんなに頑張れたの？」

子　　：「うーん、まぁ、一応テスト週間より前からワークやってたしね」

あなた：「へー！　テスト週間より前からワークやってたから上がったんだね」

子　　：「まぁね。次もテスト週間前からワークやろうかなー」

あなた：「お！　そうしたらまた良い点取れるかもね！　頑張ってね！」

子　　：「はーい」

## スマホやネットのルールはいっしょに作って紙に書かせよう

小学校高学年くらいから、多くの家庭で悩みのタネとなるのがスマートフォンやインターネットなどの扱いについてでしょう。

親としては「まだ早い！」「必要ない！」と言いたいところですが、実際には、子供達の中でＬＩＮＥで学校や部活動の連絡が回ったり、周りの子達はみんなＹｏｕＴｕｂｅの話題で盛り上がったりしています。

そんな周りの様子を知っていると、なんだか持たせなきゃいけない雰囲気になってくることもあるでしょう。

本人からも、切実なる訴えを毎日聞かされるはめになっているかもしれませんしね。

そんなこともあって、結局はスマホを与えたりインターネットを使えるようにしてあげたりする家庭がほとんどだと思います。

しかし、トラブルなど起こさないか親として心配が尽きないのも事実。

一体どうしたら良いのでしょうか？

**ここで大切なことは、ルールを〝いっしょに〟決めるということです。**

なぜなら、親から一方的に言われたことは破りがちになりますが、〝自分が決めたこと〟だと心理的に破りにくいからです。自分のことは自分で決めさせてもらっている気もしますし。

**しかも、自分で決めて自分でそれを守っていくという、将来に向けた良き習慣を作る機会にもなるからです。**

スマホをもたせる際の具体的な手順はこんな感じです。

**①スマホをもつに当たってルールをいっしょに決めることを伝える**

お互いに気持ちの良い毎日を過ごすために決めるというスタンスで。

例：「スマホを持つことは許すけど、○○がトラブルに巻き込まれたり嫌な思いをするのはお母さんやお父さんにとっても心配だし嫌だから、お互いに気持ち良く過ごすためにもルールをいっしょに決めたいと思うけど、いい？」

**②スマホを持つことでどんなトラブルや障害が起こりうるかを、具体例を交えながら説明する**（実際に起きたトラブルの記事などあるとさらに良い！）

例：「スマホを持つことによってどんなトラブルや障害が起こるか知ってる？　たとえば、この記事を見て……」（新聞やネットの記事などでトラブルや障害の実例を見せる）

**③それらを考えた上で、どういうルールを作ると良いかお子さんに意見を聞く**

これをすることで自分の考えも大切にされている感じがしますし、自分で言ったことは自分で大切にしようという意識が生まれます。

例：「お母さんもお父さんも○○にはこういうふう（記事に載っているトラブルや障害など）になって欲しくないなと思うけど、○○はどうすればこうならないように済むと思う？」

## ④お子さんと親とで折り合いがつくところまで意見を伝え合う

「なるほど」とお子さんの意見をいったん受け入れながら進めると良いです。反対意見がある時は「なるほど」といったん受け止めた上で「お母さん（お父さん）はこう思うよ。なぜかというと……」と自分の意見＋理由を話します。

現実的には、すべて子供の考え通りにはできない部分もありますが、できる限り尊重してあげてください。

例：「なるほどね。お母さんとしてはこういう決まりを作った方が良いと思うけど、どう？」

## ⑤ルールが守れなかった際のペナルティを決める

この時も、なるべくお子さん本人に意見を聞いていきながら、折り合いのつく形まで話し合います。

例：「ＯＫ！　じゃあそういうルールでいこう。ただ、もしかしたら自分でも歯止めが効かなくなってルールを破っちゃう可能性もあるかもしれないから、守れなかった時のペナルティも決めておこう。もし、○○といっしょに決めたこのルールを守れなかった時は、どうする？」

**⑥話し合いによって決まったルール＋ペナルティをお子さん本人に紙に書かせる**

例：「よし！　ルールもペナルティも決めたし、これならある程度大丈夫そうだね。じゃあ、○○といっしょに決めたこのルールとペナルティを紙に書いておこう。書いておかないと忘れちゃうからさ」

本人に書かせることが難しい場合は、パソコンで作ったり、親がルール＋ペナルティの部分を書いてもＯＫ。ただし、名前（サイン）は本人に書かせよう。

**⑦ルールを書いた紙をリビングなど親子とも見られる場所に貼っておく**

例：「じゃあ、○○もお母さんも、お父さんもどんなルールだったか忘れないように貼っておくね」

このような手順で親子いっしょにルールを決めることをおすすめします。

ポイントは、「ここで書かれたことは自分が作ったルール（あるいは自分も参加していっしょに作ったルール）」という意識になるよう進めることです。

8

# これだけは知っておきたい!
# 「頑張ってみようかな」を引き出す
# 五つのポイント

最後に、あなたのお子さんが自分から「頑張ってみようかな」と言い出すために、その他のとても有効な方法をお伝えします。

簡単かつ効果的な五つに厳選してお伝えしますので、ぜひ、参考にしてください。

## ①有名な塾かどうかより「先生と合うかどうか」

あなたはお子さんを塾に入れていますか？

現代では、非常に多くのお子さんが塾に通っています。そして、最も悩むところが〝塾選び〟のようです。

ですので、塾選びについて一つヒントをお伝えできればと思います。

よく〝有名な塾〟へ入れようとする親御さんがいらっしゃいます。難関校への合格率を見て選んだり、塾長がテレビや雑誌に取り上げられていて有名だから入れようとしたりします。

個人的には、それらを見て選ぶのもありだと思います。実績があるところは、やはりそれなりに、成果が出るシステムや切磋琢磨する雰囲気があるはずだからです。しかし、残念ながら、必ずしも有名な塾に入れれば成績が上がるかというとそうでもありませんよね。それは、あなたもよくわかっているかと思います。


では、どうすれば良いのでしょうか？

何を基準に選べば良いのでしょうか？

有名かどうかより大切なことは何でしょうか？

**それは、「先生と合うかどうか」です。**


あなたも学生時代に経験があるかもしれません。「先生が好きかどうかで成績が大きく変わっちゃう」という現実を！

元教師の私が言うのも何ですが、現実はそんなものです。

好きな先生から「頑張ろう！」と言われれば「はい！」と目を輝かせながら頑張っちゃうし、嫌いな先生から「頑張ろう！」と言われても「うぜーし。全然やる気出ねー」となることなんて現実的には山ほどあります。

さらに、「良い先生」は必ずしも全ての子にとって「良い先生」にはならないということも理解しておくべきです。

大人も子どもも様々なタイプがありますし、価値観や趣味だって人によって全然違います。

だから、ある子にとっては良い先生でも、他のある子にとっては嫌な先生になることだってあるし、その逆もあるわけです。

もちろん、私もそうです。ある生徒からは「人生で一番影響を受けた人」と言われるくらい信頼してもらえることもありますが、みんながみんなそうではありません。私のことが大嫌いな子だっているわけです。

その子にはとても申し訳なく思いますが、人それぞれタイプや価値観が違うわけですから、合う合わないは必ず出てきます。

ベストセラーの本だってアマゾンの評価を見ると五をつける人もいれば一をつけ

る人もいますよね。それは人それぞれ価値観も望んでいることも違うからです。
ですので、有名な塾というよりは、お子さんと〝合う〟先生に見てもらえるかどうかがとても重要な判断基準になってくると考えます。

今はどこの塾も体験入塾みたいな感じで、無料もしくは格安で一度お試しができると思います。そういった機会を活用して、実績とともに、お子さんと合う先生にみてもらえるかどうかを一つの基準にすることをおすすめします。

## ②他人の力を借りると一気に好転することも!

「まったく私の言うことは聞かないんです。反応すらしてくれません。どうしたら良いのでしょうか?」

そのように悩まれている親御さんも少なくはありません。
では頑張っていないかというと、そのような方に限ってとても真面目にお子さんのことを考えていたりすることが多いです。中には鬱《うつ》に近いくらい悩まれている方もいて、胸が痛むことさえあります。

そのような方にお伝えしたいのは、**自分一人でやろうとしたらダメですよ！**と言うことです。

第二章でもお伝えしたように、この時期は特に、親のことを受け付けようとしません。それは、あなたが良い親かどうかは関係なく、〝そのような時期だから〟です。

だから、どんなに素敵な言葉がけをしても、どんなに優しい気持ちをもって接しても、あなたの言葉がお子さんの心に入っていかないということは十分に起こり得ることなのです。

「えー！　じゃあどうしたらいいの⁉」

悲鳴にも似た声が聞こえてきそうですね。

**答えは「他の人の力を借りること」です。**

たとえば、普段から子どもが一目置いている親戚のおじさんから「最近どうだ？頑張ってるか？」と声をかけてもらうようにお願いするのも良いと思います。

一目置いている人から声をかけられるだけで、嬉しくて頑張ろうとすることだってありますからね！

もしかしたら、こう言うと、「そんなことお願いしても良いのかな？ 迷惑じゃないかな？」と心配になる方もいるかもしれません。しかし、実際には、お願いされた方は大した労力もかからないし、むしろ頼ってもらって喜ばれる場合もあります。

心配であれば、あなたがお願いしやすい人で良いと思います。

実際に、私が中学教師をしていた頃も、たまに保護者の方からこのようなことを言われることがありました。

「先生、うちの子、私の言うことは全然聞かないんです。先生のことは信頼しているみたいなので、先生から一言声をかけてもらえませんか?」

「もちろんです！　明日、私の方から○○くんに声をかけてみますね！」

そんなやりとりをする時、めんどくさいなんていう気持ちなんてほとんどなくて、むしろ頼りにされて嬉しい気持ちの方が圧倒的に強かったことを思い出します。

もちろん、これは私個人の話なので、学校の教師たちみんながみんな、そう思うかは別ですけどね。

また、一方で、逆に私がお願いすることもよくありました。

残念ながら、私のことを嫌いな生徒もいます。自分なりに声をかけるものの、全然言葉が心に入っていかないのがよくわかります。

それに対して「どうしたら良いんだろう……」と悩み苦しんだこともよくありました。本当は仲良くやりたい気持ちでいっぱいでしたし、その生徒が輝いていくことを願っているのですが、なかなかそれは伝わらないこともあります。悲しいですけど、しょうがないですよね。

そういう時は、他の教師に頼んでいました。

「○○先生、ちょっとお願いがあるんだけど……」

「何ですか？」

「実は、うちのクラスの△△だけどさ、僕の言うことは全然聞いてくれなくってさ……。△△は○○先生のことは大好きみたいだからさ、今度、テスト頑張れよ！って声をかけておいてくれないかな？」

「はは。大丈夫ですよ。伝えておきますね！」

なんていう感じに年下の教師にも頼んでいました。

自分一人で何とかしようとしていた時は、本当に毎日苦しいし、状況も全然変わらないどころか悪化することばかりでしたが、他の人の力を借りることで随分と楽に事を進めることができるようになりました。

あなたにも一切まともにお子さんと会話ができない辛い時期があるかもしれません。

そんな時は、自分一人で抱え込んだらダメです。あなたも、あなたのお子さんも、どんどん苦しくなる一方ですから。

軽い気持ちで良いので、他の方を頼ってみてはいかがでしょうか？

**おじいちゃん、おばあちゃん、親戚、学校の先生、塾の先生、スポーツ教室の先生、近所の方、など探してみると意外と頼れる人はいるものです。**

ここで一つポイントです。

もし可能であれば、声をかけてもらうならお子さんが憧れている人、もしくは信頼している人にしてください。やはり、同じことを言っても言葉の影響力が違いますから。

できる範囲からでけっこうです。
ちょっとだけでも他の人を頼ってみてはいかがでしょうか?

## ③子どもの前で先生の悪口を言わない。先生を褒める

子どもの前で先生を褒めた方が良いです。
なぜなら、お子さんが先生のことを好きになれば、あらゆることにやる気になる可能性が高まるからです。
もちろん先生の教え方とか興味のある内容かどうかでやる気は変わってきますが、結局は先生のことが好きだと頑張ろうとしますし、嫌いだと頑張ろうという意欲は

失われていきます。

私も教師をしていたのでわかるのですが、その教科の先生が大嫌いなのにグングン伸びていくということはほとんど見たことがないです。

逆に、今まで苦手だった教科なのに、担当の先生が変わったら急に伸びていくということは何度も見たことがあります。

また、先生のことをボロクソに言っているお母さんのお子さんがグングン伸びていくということもほとんど見たことがありません。グングン伸びていく子のお母さんは、懇談会などで先生のことを褒めたり感謝したりする方がほとんどでした。

お母さんやお父さんの態度は、子どもに伝わり、少なからずそれがお子さんに影響するからです。

だから、子どもの前で先生を褒めた方が良いです。別に、私が元教師だから言っているのではなく、お子さんのためにもその方が良いと心から思っています。

ただ、先生に対して納得がいかないことや、おかしいと思うことだって出てくるかもしれません。それを黙認しろなんて言いません。

では、そのような場合はどうしたら良いか。

大きく分けて三つのことを頭に入れて対応されることをお勧めします。

**①子どもの前では批判しない。批判や愚痴は夫婦の間だけにする。**

**②先生に直接伝える。(子どもを介さない)**

**③該当の先生に直接言いづらい場合は、管理職の先生、もしくは信頼できそうな先生に伝える。**

このようにして、お子さんとは一度切り離して伝えるようにしてください。

たとえ「うちの子の担任、褒めるところなんて何もない」という場合でも、せめてお子さんの前で先生の悪口だけは言わないようにしてください。

親の口から出てきた先生の悪口は、本当によく覚えているもので、ますますその先生を嫌いになったり、学校自体にどんどん不信感をもってしまう可能性もあります。そうなると、お子さん自身がやる気をなくしたり何を信じて良いかわからなくなって迷います。

だから、せめてお子さんの前で先生の悪口を言うことだけは避けて欲しいと思います。

話をするのであれば、お子さんがいないところだけにしておきましょう。

先生を褒めることも、お子さんの前で先生の悪口を言わないことも、先生に迎合するために行うわけではありません。

あなたのお子さんが毎日過ごす環境を〝伸びやすい環境〟にするために行うことだと理解していただければと思います。

## ④あなたが口角を二ミリ上げる

あなたの体の一部を変えるだけで子どもが頑張ろうとするとしたら、いかがでしょうか?

私は講演などでよくこのようにお伝えします。

「**口角を二ミリあげましょう**」と。

理由は二つあります。

**一つ目の理由はあなたが〝楽しく〟なるからです。**

実は、心と体はつながっています。

「え? どういうこと?」と思われた方もいると思いますので、ちょっと試してみましょう。

今からお伝えすることを一〇秒で良いのでやってみてください。

天井を向いて涙が出るくらい悲しいことを考えてみてください。（一〇秒）

どうでしたか？

あまり考えられなかったのではないでしょうか？

実際に同じように全国の講演会場でやると、ほとんどの方は苦笑いで「考えられない」と言います。

実はこれ、「人間は上を向くとネガティブなことを考えにくくなる」ということを実際に体感してもらっているのです。

そのように心と体はつながっています。私たちは身体の使い方によって心の状態まで変わってしまうのです。

「口角を二ミリあげましょう！」とお伝えしているのは、口角を上げると「楽しい!」とか「嬉しい!」といった感情になりやすいからです。

嬉しいから笑うのもそうですが、笑うから嬉しいということもあるんですよね!

私はあなたに毎日を楽しんでもらいたいと思っています。

だから、口角を二ミリで良いから上げてみましょう、とお伝えしたいのです。

そして、もう一つ重要な理由があります。

なぜ、口角を上げると良いのか?

**それは、お子さんがあなたの楽しそうな(幸せそうな)顔を見て安心するからです。そして、何度もお伝えしているように、その安心感が挑戦しようとする気持ちを作ります。**

だから、あなたが口角を上げることはあなただけでなくお子さんも元気にするのです。

実際に、教師として保護者の方々と接していると、伸びていく子のお母さんやお父さんは、本当に笑顔が素敵な方々ばかりです。

懇談会でお話しさせていただく時も、文化祭でお会いする時も、ぐんぐん伸びていく生徒の親は素敵な笑顔で挨拶してくださる方ばかりです。私もいっしょに過ごしていて、とても安心します。

常日頃からいっしょに過ごしている子どもにとっては、なおさら親の姿が大きく影響するでしょうから、笑顔が素敵なお母さんやお父さんの元では安心して頑張れるのでしょう。

**〝笑顔が素敵〟、これが伸びていく保護者の共通点だとも思います。**

ぜひ、気が付いた時で良いので、たまには一ミリで良いから口角をあげることを意識してみてはいかがでしょうか？

## ⑤感謝の心が恐れや不安を打ち消す

最後の最後に、とても大切なことをお伝えします。

第一章でもお伝えしたように、お子さんはテクニック以上にあなたの〝心の状態〟が大きく影響します。

だからあなたがどんな〝心の状態〟であるかがとても大切です。

心の状態を整えると聞くと、なんだか難しそうに聞こえるかもしれません。

でも、たった一つのことを行うだけでも、とても良い状態が作れます。


**それは、寝る前に「今日はどんなことに感謝できるかな?」と考えてみることです。**


実は、私は、今でこそ全国各地で講演をさせていただき、このように本も出版させていただいていますが、はじめからうまくいっていたわけではありません。

「もっと多くの人の役に立ちたい」と熱い思いをもって教師を辞めて独立したものの、まったくうまくいきませんでした。

講演依頼は七カ月間でたったの一件。教師時代のツテで先輩教師がなんとかつないでくださった団体のみでした。自主開催のセミナーにいたっては、会場に行ってみたら誰もいないなんていうこともありました。

子どもが二人いる中、収入はゼロ。それどころか経費ばかりがどんどんかさんでいき、個人的に貯めていた貯金はほとんどなくなっていきました。

しかし、経済的なことよりも当時の私にとって一番きつかったのは〝存在感〟を感じられなくなっていったことでした。

教師時代には、生徒や保護者、同僚、教育関係者など、多くの方に「ありがとうございます」とか「すごいですね！」というような声をいただく機会があり、いつも誰かに必要とされている自分がいました。常に〝存在感〟を感じられ、とても充実していました。


それなのに、独立してからの自分は、講演の依頼は来ず、セミナーを開いても参加者は集まらず、家庭の中でも収入がなくて妻に頼りっぱなしで、役に立てているかどうかも疑問に思っていました。

日に日に自分の〝存在感〟を感じることができなくなっていきました。

「自分は誰からも必要とされていないのではないか？」「父親としても最悪なんじゃないか？」そんなことが頭の中をぐるぐると回り、次第に何もやる気が起きなくなっていきました。

やらなければいけないことはわかっているし、とにかく行動しなければ前に進まないことはわかっていました。

でも、動けないのです。

その時、はじめて学校へ来られない子の気持ちが少しわかった気がしました。

教師時代には学校へ来られない子に対して「頑張ろう！」と声をかけたりもしましたが、頑張るとかそういう問題じゃないんだなとはじめて思いました。

そんな私を変えてくれたのはある一つの教えでした。

スポーツのトップ選手や有名な俳優、経営者、政治家など多くの人のメンタル面をサポートされていたある方が、このように教えてくれたのです。

**「恐れや不安を感じることがあるだろう。そういう時だからこそ〝感謝〟をするんだ。なぜなら、感謝は恐れや不安を打ち消してくれるんだ。人間は同時に二つの感情を感じることができないからね」**

私はそれを聞いてこう思ったのです。

「それならば、毎日感謝してみたらどうなるのだろう？」

そう思った私は、毎日夜寝る前に「今日はどんなことに感謝できるかな？」と振り返るようにしてみたのです。

「仕事はうまくいっていないけど、毎日ご飯も食べられているし、寝るところもあるのだからありがたいよな。世界には食べるものも寝るところもない人がたくさんいるのだから」

「こうして愛する我が子といっしょに寝られることだけでもありがたいのかもしれないな。いろいろな事情で我が子といっしょにいられない人だっているのだから」

それまでは気にもしなかったような小さなことにも感謝をしてみました。

すると、日に日に恐れや不安といった感情は薄れていき、どんどん行動できるようになっていったのです。

さらに、幸せそうに満たされたような雰囲気が良かったのか、出会う人に良い印象をもっていただけることが増え、依頼が増えたりするなど仕事関係がどんどんうまくいくようになっていったのです。

もちろん、変わっていったのは仕事だけではありません。明るい表情をするようになっていく私に対し、妻も子どもたちも自然と笑顔が増えるようになり、家庭が明るい雰囲気に包まれていきました。とても嬉しかったです。

**感謝は、恐れや不安を打ち消してくれます。**

のちにいろいろと調べてわかったのですが、感謝が恐れや不安を打ち消してくれることや感謝している人ほど幸せを感じやすいことは、よくわからない精神的なこ

とを言っているわけではなく、科学的・統計的な根拠があらゆる研究で明らかにされているのです。

**不満そうな顔よりも幸せそうな顔を見たいのはお子さんも同じです。**

あなたが幸せそうにしていると、お子さんも安心するし、「大人になるって悪くないな」と将来への希望をもつことさえあるでしょう。だから、あなたが幸せそうにすればするほどあなたのお子さんも頑張ろうとします。

ぜひ、一日一分で良いので、寝る前に「今日はどんなことに感謝できるかな？」と考えてみてください。

きっとあなたとあなたのお子さんをより一層幸せにすると思います。

私はあなたとあなたのお子さんがより一層幸せに過ごされることを心から願っています。

# おわりに

本書を最後までお読みいただき、本当にありがとうございました。

今回の本を執筆しているある日に、私の母親から一通のメールが届きました。

「日本新記録だったよ！」

もう六〇歳を越える母親ですが、全日本マスターズ陸上競技選手権大会という年代別の陸上競技の大会で、三種目で優勝、うち一種目で日本新記録を出したそうです。

しかし、こうして私が母親の活躍を素直に皆さんに話せるようになったのもここ数年です。

「はじめに」でも述べた通り、私はスポーツ一家に生まれながら唯一活躍できず、劣等感の塊でしたが、そんな自分がこうして素直に家族のことを話せるようになったのは、中学教師時代の生徒たちのおかげです。

**「人は人。自分は自分。人はそれぞれに宝物をもっている」**

そんなことを彼らの姿から教えてもらえました。

私は今、全国各地で講演させていただいていますが、いつも私の強みは「うまくいかなかったこと」だと思っています。うまくいかなくて苦しんだ自分の話に多くの人が共感してくださり、時には勇気に変えてくれるからです。

今では、「スポーツ一家に生まれながら唯一活躍できなかったこと」が神様からプレゼントされた宝物のようにさえ思えます。

「誰かになろうとしなくていい。あなたはあなた。きっとあなたにしかない宝物が眠っているはずだよ」

そんなことをこれからも伝えていきたいと思います。

**私たち大人は、子どもたちに〝教える人〟ではなく、〝教わる人〟なのかもしれません。**

本書を通して、あなたとあなたのお子さんの毎日が少しでも輝くことを心より願っております。

最後になりましたが、本書を作成するにあたって、終始読者と私の思いを一番に考えて取り組んでくださった株式会社ロングセラーズの真船さん、富田さん、いつも応援してくれる仲間たち、ふがいない私を支えてくださった教育関係者の皆様、癒しと元気を与えてくれる家族のみんな、そして、私の人生に大きな変化をもたらせてくれた教え子たちとその保護者の皆様に、心から感謝いたします。

本書を読んでくださった読者の皆様から「何に対してもやる気を見せなかったうちの子が『ちょっと頑張ってみようかな』と言い出したんです！」そんな喜びの声が届くことを楽しみにしております。

最後の最後までお読みいただき、本当にありがとうございました！

木村　玄司

何を言っても聞かない思春期の我が子が
# 「ちょっと頑張ってみようかな」
と言い出すシンプルな3つの秘訣


著　者　　木 村 玄 司
発行者　　真船美保子
発行所　　KK ロングセラーズ
東京都新宿区高田馬場 2-1-2　〒 169-0075
電話（03）3204-5161（代）　振替 00120-7-145737
http://www.kklong.co.jp

印　刷　　大日本印刷（株）
製　本　　（株）難波製本
落丁・乱丁はお取り替えいたします。※定価と発行日はカバーに表示してあります。
ISBN978-4-8454-2429-0　Printed in Japan 2019